AKAL / A FONDO

Director de la colección
Pascual Serrano

Diseño interior y cubierta: RAG

La traducción de esta obra ha contado con una ayuda del Institut Ramon Llull

Título original: *El negoci dels nadons*

© Elena Crespi Asensio, 2024
La presente edición ha sido licenciada en español a Ediciones Akal S. A. por el propietario de los derechos mundiales: Raig Verd, por mediación de Oh!Books Agencia Literaria

© Ediciones Akal, S. A., 2026
para lengua española
Sector Foresta, 1
28760 Tres Cantos
Madrid - España
Tel.: 918 061 996
atencion.cliente@akal.com
www.akal.com

ISBN: 978-84-460-5823-6
Depósito legal: M-3863-2026

Impreso en España

ELENA CRESPI ASENSIO

EL NEGOCIO DE LOS BEBÉS

La gestación subrogada

Traducción del catalán por
Pablo Romero Noguera

ARGENTINA / ESPAÑA / MÉXICO

PRESENTACIÓN

Gestación subrogada, vientres de alquiler, maternidad subrogada, explotación reproductiva, gestación por sustitución. Una vez más el lenguaje se maneja según el interés y la posición de quién lo utiliza. Estamos hablando de una técnica de reproducción asistida mediante la cual una mujer (gestante) accede, tras realizar un contrato, a llevar un embarazo a término para otra persona o pareja (padres de intención), a los que entregará el bebé tras el parto. A partir de ahí se genera todo un debate entre defensores y detractores, donde entran en liza numerosos elementos: los derechos de la mujer gestante, los derechos de los que solicitan el servicio, el derecho del futuro bebé, las relaciones contractuales que se establecen, las tarifas, las motivaciones de ambas partes y, por supuesto, las circunstancias socioeconómicas que, como siempre sucede en el capitalismo, condicionan todo.

Todo ello se aborda en este nuevo libro de la colección A Fondo, *El negocio de los bebés. La gestación subrogada*, que, si bien expone todas las circunstancias, argumentos e intereses, la autora ya deja claro desde el principio que no es neutral: «me posiciono claramente en contra de un sistema que facilita las situaciones de explotación de la madre gestante, que no tiene en cuenta los derechos de la criatura gestada y que, en muchos casos, se aprovecha de la desesperación de algunas parejas que piensan que su vida no tiene sentido sin descendencia para fomentar la noción de bebé como derecho y como propiedad que puede ser comprada».

Así de claro lo tiene Elena Crespi Asensio, pero no crean que por ello su libro es un burdo alegato contra la «gestación subrogada», la autora expone cómo la sociedad presiona a las mujeres hacia la maternidad, explica los tipos de gestación subrogada, repasa la legislación –la española y la de muchos otros países– y esboza las argumentaciones de las empresas que se dedican a ello. Asimismo, nos informa de las consecuencias para las gestantes de dar al bebé inmediatamente después de parir, así como las que tiene para el niño romper súbitamente y de forma definitiva el vínculo con la madre dentro de la cual ha estado creciendo durante nueve meses.

Crespi es psicóloga especializada en sexología, relaciones sexo-afectivas, terapia sistémica y psicología perinatal. Y desde ese punto de vista, junto con el de su feminismo, ha escrito este libro.

De todo este debate creo que el más interesante es el de centrarnos en las banderas de los defensores –en realidad, las empresas que hacen el negocio– de esta práctica. Si nos fijamos bien, su argumentación es prácticamente el lema de la Revolución francesa: libertad, igualdad, fraternidad. Es decir, el contrato entre una gestante pobre y unos solicitantes solventes, según ellos, se basa en la libertad de ambas partes, la igualdad de condiciones para tomar su decisión y la fraternidad que motiva a ambos, la primera para satisfacer la necesidad de ser padres de los segundos y estos por el adorable deseo de cuidar de un hijo.

La autora lo desmonta de la siguiente manera:

Igualdad: «El discurso neoliberal define la igualdad como igual posibilidad de elección, pero no todas las personas parten de las mismas condiciones materiales, por lo que su punto de partida en el momento de elegir no es de igualdad».

Libertad: el estricto término de libertad lo podríamos aplicar para que las personas puedan decidir libremente donar sus órganos a cambio de dinero. En cambio, todos coincidimos en que eso sería una aberración, conscientes de que la decisión no sería libre en la medida en que estaría condicionada por las circunstancias y necesidades económicas del donante. Como dice la autora, «por eso prohibimos la venta de órganos, para proteger a las personas más vulnerables. Pues bien, esa misma lógica puede ser aplicada a la gestación subrogada». Las desigualdades estructurales que hemos señalado anteriormente provocan que los consentimientos no sean libres.

Fraternidad: la gestante no lo hace por altruismo, lo acepta por necesidad. Basta observar la procedencia social de cada parte. No existe ninguna gestante adinerada y de países ricos, ni existe pareja contratante de origen humilde y procedente de países pobres. En 2015 se contabilizaban a 25.000 bebés procedentes de 3.000 clínicas en India. El discurso de altruismo y solidaridad de la mujer que acepta entregar a su hijo es falso; se trata de necesidad.

Otra cuestión espectacular del tema que nos ocupa es que, a pesar de ser ilegal en España, el Registro Mercantil recoge más de una decena de empresas dedicadas a esa actividad. Crespi nos explica los mecanismos y subterfugios que las empresas utilizan para aprovechar vacíos legales, ambigüedades o fraudes de ley para lograr implantar su negocio. Incluso en 2017 se celebró una feria dedicada a la gestación subrogada, anunciada como un gran acontecimiento.

La posición de la autora, hay que recordarlo, es la misma que ha adoptado el Observatorio de Bioética y Derecho, quienes, según Crespi, han considerado que la gestación subrogada no debería ser legalizada en España y que no debería considerarse como un medio para obtener descendencia. Algo similar a lo que han declarado el Parlamento Europeo y el Consejo de Europa.

Para reforzar su posición, la autora aporta algunos datos y cifras interesantes: en 2023 este negocio generó 15,76 millones de euros para las empresas, y en 2031 se espera que llegue a 74,63 millones. Según cálculos del gobierno estadounidense, más de 20.000 niños han sido abandonados desde 1990. Y según una investigación de Reuters, algunos niños rechazados por gestante y contratantes han acabado en el mercado de tráfico de órganos. Existen catálogos de donantes de óvulos con sus características físicas y sociodemográficas para que las familias contratantes elijan a la carta. A las gestantes se les prohíbe viajar o tener relaciones sexuales y se las obliga a pasar por una cesárea en lugar de un parto vaginal normal para desligar los vínculos entre madre e hijo. Lo habitual es tenerlas a todas recluidas en *granjas de madres.*

En conclusión, y como señaló Angela Davis, la gestación subrogada es la sucesora de las prácticas reproductivas impuestas en las plantaciones esclavistas de Estados Unidos. O un adelanto de la distopía de *El cuento de la criada*.

Pascual Serrano

I

LA MATERNIDAD
Y LA IMPOSICIÓN PATRIARCAL

La subrogación existe porque hay mujeres pobres.

Taslima Nasrin, escritora

En la cultura patriarcal, la idea de maternidad es una imposición. Desde que nacemos, el sistema activa una serie de mecanismos para vincular a las mujeres a su función reproductora de manera prácticamente indisoluble. El patriarcado ha convertido el binomio mujer-madre en una díada difícil de desactivar; es decir, que si eres mujer, tienes que ser madre.

¿CÓMO SE ACTIVA LA IMPOSICIÓN PATRIARCAL DE LA MATERNIDAD?

Los mecanismos que activan esta imposición patriarcal son aparentemente inocentes y empiezan en el momento en que nace un bebé. Con el nacimiento se traza una relación directa entre el sexo y la identidad de género que configuran su cuerpo y el modo como tratamos a ese bebé. Estos mecanismos se practican, por ejemplo, por medio del lenguaje, los juguetes o los modelos que cumplen este patrón.

Lenguaje

A una niña, ya desde pequeña, en entornos proclives a mantener este sistema, con intención o sin ella se le habla constantemente de la maternidad y se la empuja a proyectarse ella misma como madre. Se le repiten expresiones como «cuando tengas hijos», «cuando seas madre»… Esta dinámica puede no aplicarse a otras esferas de la vida, como el trabajo. Quizá no le decimos «cuando seas astronauta» porque entendemos que tiene derecho a escoger su profesión. O puede ocurrir algo peor: que se le asignen oficios estereotipados como femeninos que refuerzan la idea de los roles vinculados al género.

Juegos y juguetes

La socialización de género empieza con el nacimiento: si tiene vulva, como niña, si tiene pene, como niño. En el caso de la niña, la socialización de género incluye la maternidad. A los niños se les enseña a ser valientes, a chutar el balón, a correr y a expresarse sin complejos; a las niñas se les enseña a ser cuidadosas, emocionales, presumidas, a hacerse cargo del hogar y, evidentemente, a ser maternales. Los juguetes que se suelen regalar a las niñas tienen que ver con las tareas de cuidados, de limpieza y con la maternidad: juguetes de cocina, tocadores de maquillaje, vestidos de princesa y muñecas con forma de bebé a las que pueden alimentar, cambiar el pañal, pasear en cochecito y un largo etcétera. A veces son las niñas las que reclaman estos juguetes, porque desde pequeñitas han aprendido que este modelo es deseable. Desde muy tierna edad entienden lo que la sociedad espera de su género y aprenden cómo actuar en consecuencia. Si nos atenemos a las palabras de David Bueno, esta etapa primeriza, de los cero a los tres años, es la más crucial para el desarrollo de la persona, ya que es cuando se forma el carácter y el temperamento que predomina el resto de su vida[1].

La mayoría de los juguetes han sido pensados para un género en concreto, y la publicidad ha potenciado y condiciona-

---

[1] D. Bueno, «¿Por qué los niños y las niñas de 0 a 3 años parece que se encanten y se abstraigan por cualquier cosa? ¿Aprenden realmente algo a estas edades?», Associació de Mestres Rosa Sensat, 2019 [https://www.rosasensat.org/revista/infancia-168-2/infancia-y-salud-por-que-los-ninos-y-las-ninas-de-0-a-3-anos-parece-que-se-encanten-y-se-abstraigan-por-cualquier-cosa-aprenden-realmente-algo-a-estas-edades/].

do esta división. En abril de 2022, el Ministerio de Consumo, la Asociación Española de Fabricantes de Juguetes (AEFJ) y Autocontrol firmaron un protocolo con el objetivo de velar por la igualdad en la publicidad infantil. Desde el 1 de diciembre de 2022, se supone que los anuncios de juguetes deben promover y fomentar una imagen plural e igualitaria de los menores en lugar de fomentar los estereotipos de género. Por eso, se han prohibido la sexualización de las niñas y los juguetes que reproduzcan roles asociados exclusivamente con uno de los géneros. Ni los cuidados, el trabajo doméstico o la belleza son solo juegos de niñas ni los juguetes de acción, la actividad física o la tecnología son dominio exclusivo de los niños.

La necesidad de este protocolo evidencia que, como mínimo hasta ahora –y ya veremos cuál es la dinámica de ahora en adelante–, ha habido un claro sesgo de género a la hora de distribuir los juguetes y los juegos entre las criaturas. El resultado de esta práctica es la creación de precedentes y referentes, coma la idea de que las niñas deberían siempre tener interés en jugar imitando su futura maternidad.

Modelos

Si hasta ahora hemos hablado de los referentes en los juguetes o de los comentarios que reciben las criaturas como ejemplos de esta educación en la maternidad, la realidad es que los modelos normativos estereotipados están por todos lados. Por ejemplo, en casa.

En la mayoría de hogares, la mujer (madre) es quien se encarga de cuidar a las criaturas, de modo tal que las niñas asumen que ellas, como futuras mujeres, también serán madres, e intentan aprender e imitar lo que hacen las suyas.

Pero aunque educásemos a esta criatura en un entorno paritario y con valores feministas, los referentes que vería en otras familias del entorno, en televisión o en el colegio –es decir, en los espacios que la ayudan a construir su idea del mundo– seguirían cumpliendo con el estereotipo: mujeres que son madres y que sostienen el peso de la crianza.

«Ser maternal», como una idea relacionada con las tareas de cuidado y con las habilidades que llevan asociadas, es una imposición patriarcal que responde a las demandas de la sociedad hacia la mujer y que se forma también por medio de los modelos y representaciones que las niñas tienen en su entorno.

Si es así en todos lados, debe ser «normal»

No se trata de una decisión de crianza individual, sino de poner en cuestión toda la estructura que ha construido un modelo de normalidad. Para empezar, poniendo en duda la idea misma de lo que es «normal»: a menudo podemos sustituir la palabra «normal» por «habitual» sin dar por hecho que más común o más extendido significa más recomendable o mejor.

La normalidad no es solo estadística, sino que también tiene un mensaje moral: si quieres ser como el resto, si quieres cumplir tu papel como mujer en la sociedad, tienes que hacer lo que hacen las demás mujeres y convertirte en madre.

La suma de un conjunto de normas sociales y de la capacidad de gestar del cuerpo femenino permite hablar de una maternidad impuesta. Se da por hecho que una de las funciones biológicas de una mujer cisgénero es reproducirse y, por tanto, que tiene que hacerlo. Como en la mayoría de los casos puede quedarse embarazada, *poder* se convierte en *tener que* para demostrar que se es «suficientemente mujer» y que se tiene un valor social.

De este modo, en determinados entornos se asocia la idea de la «mujer de verdad» con la mujer cisgénero en edad fértil. Cuando una chica tiene la menarquia, lo primero que suele hacerse es felicitarla y decirle que ya es una mujer. La regla, el inicio de la capacidad reproductiva, se asocia con el paso a la vida adulta y con la feminidad.

La capacidad de quedarse embarazada no debería suponer una condición para ser considerada más o menos mujer. Al mismo tiempo, muchas mujeres con problemas de esterilidad y fertilidad sufren las consecuencias de una educación y un sistema que hacen que sientan una falta de reconocimiento social si no pueden cumplir con esa función reproductora impuesta, que ya no es solo biológica, sino también social.

CUALQUIER COSA PARA SER MADRE

Para entender cómo operan todos estos condicionantes y normas sociales aprendidas a la hora de optar por la gestación subrogada, os propongo un caso hipotético que intenta representar la angustia y desesperación que se viven en un proceso de infertilidad y pérdidas perinatales.

Imaginemos que desde que naciste te han dicho que eres una niña y desde entonces has visto cómo las mujeres de tu familia cuidaban de las criaturas, de las personas enfermas y de la gente mayor. En los cumpleaños y en las fiestas navideñas te han regalado bebés de juguete. Todo (o casi todo) lo que a tu alrededor tenía que ver con la crianza ha estado en manos de mujeres: cambiarte los pañales, prepararte la comida, ir al pediatra, asistir a las reuniones con la maestra, comprarte ropa, curarte, cuidarte y recibir muestras de amor explícitas como besos, abrazos o un «te quiero». Y has visto cómo muchas otras mujeres se encargaban de cuidar de tus primas y primos, de tus amistades, de tus compañeras de clase…

Prácticamente todas las mujeres de tu alrededor han tenido hijos. Y si ha habido alguna que no, la han tildado de «poco maternal» o de «especialita». Has entendido que una mujer ha de ser madre, que es una de sus funciones fundamentales y que ello significa que deben prevalecer las necesidades de los demás por encima de las tuyas.

Pongamos que desde pequeñita, cuando ha habido algún nacimiento en tu entorno, te han preguntado si querías coger a la criatura en brazos, pero a tu hermano o a tu primo no se lo han ofrecido nunca. Y que has jugado a estar embarazada poniéndote un cojín en la barriga y te has imaginado cómo te quedaría eso de ser madre. Desde la adolescencia te han dicho que tengas mucho cuidado de no quedarte embarazada cuando tengas una relación sexual con un chico. Como si te pudiese ocurrir con extrema facilidad, a la mínima que te descuides.

Un buen día, con tu pareja, que es un hombre cisgénero, decidís que queréis tener a una criatura y dejáis de usar métodos anticonceptivos. Queréis conseguir, con toda la ilusión del mundo, ese embarazo que hasta ahora te daba tanto miedo. Te baja la regla el primer mes. Y el segundo. Y el tercero. Y pasa un año. Y el embarazo que no llega. Te desesperas. Las relaciones sexuales se han convertido en una cita programada los días de ovulación y han perdido todo el erotismo; ya no es un juego, sino un medio para conseguir un embarazo que ahora deseas por encima de todas las cosas. Al cabo de un año y medio sin éxito, decidís ir a ver a un especialista para saber si necesitáis ayuda médica. Mientras tanto, te lees todos los blogs habidos y por haber sobre infertilidad en internet y buscas algún truco infalible para quedarte embarazada pese a las dificultades. Haces acupuntura con una experta en medicina tradicional china, que te han dicho que es milagrosa. Empezáis un proceso de hormonación y de relaciones sexuales aún más programadas, que resulta infructuoso, así que probáis la inseminación artificial. Dos veces. Tres. Y nada de nada, no hay embarazo.

En una ocasión llegas al día 35 del ciclo menstrual y todavía no te ha venido la regla. Pese a que los cinco test de embarazo dan negativo, te has hecho ilusiones y el día 37 sangras. Ya no sabes cuántas lágrimas has derramado, desesperada, por un embarazo que no llega. Decidís hacer una fecundación *in vitro,* donde os recomiendan que, dado que no lo habéis conseguido hasta ahora, probéis con un esperma que no sea el de tu compañero o, incluso, con donación de óvulos. A estas alturas ya os habéis gastado unos cuantos miles de euros, porque por la Seguridad Social la espera es muy larga y «se te pasa el arroz». Después de la fecundación *in vitro* te llaman de la clínica y te dicen que estás embarazada. Por fin eres feliz. Pasas dos semanas soñando con tu pareja y haciendo planes para vuestra nueva vida. Pero un día empiezas a encontrarte mal y cuando vas al baño compruebas que has manchado un poco las bragas. Salís despavoridos hacia urgencias pensando que tal vez no sea nada, que a veces pasa, pero cuando te hacen la ecografía te dicen que no hay latido y que el embarazo se ha parado hace unos cuantos días. Vuelves a casa inundada de tristeza, pero decidida a volver a intentarlo, porque ya sabías que había cierta probabilidad de aborto. Es imposible que vuelva a pasar; pones todas tus esperanzas en una nueva fecundación *in vitro* que sale adelante, pero al cabo de poco lo vuelves a perder. La pesadilla se repite hasta cuatro veces: cuatro embarazos, cuatro abortos.

Llegados a este punto, te haces más pruebas médicas y los especialistas te dicen que es posible que tu útero no pueda sostener un embarazo y que evites una nueva fecundación *in vitro,* ya que es altamente probable que vuelvas a sufrir un aborto. Aun así, decides intentarlo con una donación de embrión. Con un embrión sano quizá aumentan las posibilidades de que se implante bien y consigas tu sueño.

La clínica que te atiende es de las mejores. Tiene un porcentaje de éxito de más del 90%; no puede ser que tú estés en el 10%. Sin embargo, la donación de embrión tampoco funciona. Estás extenuada, física y emocionalmente. Aparte de la clínica de fertilidad, has hecho acupuntura y yoga y has seguido una alimentación saludable. Es decir, has hecho todo lo que se recomienda en artículos y foros.

Pero no hay suerte. Hace más de siete años que intentas ser madre. Quieres un bebé pequeño que llore y te sonría, que llene los pañales y te ensucie el jersey cuando devuelve la leche. Después de todo este tiempo, de todo el dinero empleado y todas las ilusiones truncadas, alguien te habla de las maravillas de la gestación subrogada. Es un mundo de posibilidades que no habías contemplado. Puedes hacer realidad el sueño de ser madre de un bebé después de que otra mujer lo geste y te lo dé.

Ejemplos como este permiten comprender por qué la maternidad no debería ser una imposición social. Sufrir lo que acabamos de narrar puede llevar a considerar respetables ciertas prácticas como la gestación subrogada[2] –también conocida como explotación reproductiva–, en la que, tal como argumentaré a lo largo del libro, los derechos humanos no solo no están garantizados, sino que son vulnerados. Haremos una fotografía del funcionamiento de la gestación subrogada en la actualidad para demostrar que existe un desajuste entre el imaginario asociado a esta práctica y la realidad. Demostraremos que la explotación reproductiva responde a una lógica capitalista en la que todo se puede comprar: el enriquecimiento de ciertas empresas, la mercantilización de los cuerpos de las mujeres y los bebés, la injusticia basada en las desigualdades materiales y la perpetuación del principio de la maternidad como culminación del valor de las mujeres.

---

[2] A lo largo de este libro se habla principalmente de los casos en que las familias contratantes ponen su material genético dentro del cuerpo de la madre gestante. Se hace uso de estos casos porque son los que presentan más controversia y ayudan a concluir que si estos casos no son justificables, ninguno lo es.

II

ORÍGENES Y TIPOLOGÍAS
DE GESTACIÓN SUBROGADA

Margaret Atwood erró al imaginar que la explotación reproductiva de la mujer sería normalizada, ejecutada y abanderada por
el fanatismo religioso, sin embargo la lleva a cabo el capitalismo en
nombre de la libertad.

Ana Iris Simón, periodista

El proceso de expansión del capitalismo sobre el cuerpo es
más profundo y complejo que un mero alquiler.

Layla Martínez, autora de *Gestación subrogada*

LOS ORÍGENES DE LA GESTACIÓN SUBROGADA

Al empezar a investigar sobre los orígenes de la gestación
subrogada me di cuenta de que algunas páginas web de clínicas
consagradas a esta práctica usan la Biblia como ejemplo para
avalarla. Su objetivo es demostrar que la gestación subrogada se
practica desde tiempos inmemoriales y, por tanto, que es lícita.
Suelen mencionar la historia de Abram y Sarai, que dice así:

Sarai, la esposa de Abram, no le había dado ningún hijo.
Pero tenía una sierva egipcia que se llamaba Agar. Sarai le dijo
a Abram: «Mira, Yahvé me ha privado de tener hijos. Ve, pues, a
mi sierva: quizá de ella tendré un hijo». Y Abram le hizo caso
a Sarai. Así, al cabo de diez años de Abram residir en Canaán,
su mujer Sarai tomó a Agar, su sierva egipcia, y la dio como esposa a su marido Abram. Este se acostó con Agar, que quedó embarazada. Cuando se dio cuenta de que lo estaba, su esposa des-
mereció a sus ojos. Entonces Sarai dijo a Abram: «¡Que mi
desprecio recaiga sobre ti! Yo te he puesto a mi sierva en bra-

zos, y cuando se ha dado cuenta de que estaba embarazada, yo he desmerecido a sus ojos. ¡Que Yahvé juzgue entre tú y yo!». Abram dijo a Sarai: «Mira, tu sierva está en tus manos: haz lo que te parezca». Entonces Sarai la maltrató de tal manera que ella huyó de su presencia.

Génesis 16:1-6

Si buscamos otros referentes de la Antigüedad, encontramos que el primer caso documentado de lo que hoy en día llamamos gestación subrogada proviene de la Mesopotamia de antes de la era cristiana. Se trata de las 25.000 tablillas cuneiformes descubiertas en 1948 en el yacimiento de Kültepe-Kanesh, en la actual Turquía. En una de las tablillas, los investigadores descubrieron un contrato matrimonial que estipula que el marido tiene la opción de recurrir a una prostituta o esclava sagrada (una hieródula) en caso de que su mujer legítima no pueda darle descendencia[1]. El bebé es reconocido como heredero legítimo y la mujer gestante[2] recibe o bien una donación económica importante, o bien la libertad.

En Babilonia, el actual Irak, se formuló el Código de Hammurabi[3] (1750 a.C.), donde aparecen algunas leyes que dan instrucciones sobre las alternativas que se pueden poner en práctica en caso de infertilidad de la esposa. Una de estas alternativas era la posibilidad de recurrir a una esclava con fines reproductivos, que no podía ser vendida si había tenido hijos con el amo.

Podemos ver cómo a lo largo de la historia se ha recurrido a la gestación subrogada con violencia, a la supeditación de la mujer por su condición de mujer, así como por el de esclava o

---

[1] V. Fernández, «Esta tablilla de barro era un contrato prematrimonial de hace 4.000 años», *Quo*, 2017 [https://quo.eldiario.es/ser-humano/a69199/contratos-prematrimoniales-en-la-antiguedad/], consultado en septiembre de 2023.

[2] A lo largo del libro uso el femenino genérico para hablar de las gestantes porque suelen ser mujeres cisgénero y quiero exponer su vulnerabilidad. Soy consciente, no obstante, de que no todas las personas con capacidad para gestar se identifican como mujeres.

[3] El Código de Hammurabi era un conjunto de 282 leyes inscritas en una piedra por el rey de Babilonia Hammurabi (1795-1750 a.C.), que conquistó y seguidamente reinó en la antigua Mesopotamia.

sierva, y a una formulación de la gestación subrogada que incluía la violación justificada por la esterilidad femenina.

Si bien no debemos leer los actos descritos sin el contexto histórico y cultural pertinente, sí que es necesario hacer una revisión contemporánea. En el caso de Abram y Sarai se describe una práctica en la que es evidente el abuso de poder entre los amos y la esclava. Los amos son quienes tienen el poder económico y social, y se encuentran en una situación de privilegio desde la que dan órdenes a la esclava –en posición de subordinación– para que se quede embarazada y les entregue a la criatura. Aunque la Biblia no utiliza estos términos, la escena descrita es una violación. Una persona en posición de inferioridad es obligada a mantener relaciones sexuales con un amo que ejerce su poder para sacarle partido.

En el caso de las tablillas de Mesopotamia, se repite la situación de desigualdad que obliga a la mujer a tener y entregar a un hijo, sin posibilidad de escoger por la relación de poder en que ellos son amos y ella esclava.

Un último acontecimiento que nos permite entender el control que se ha ejercido históricamente sobre los cuerpos de las mujeres y de su sexualidad es la caza de brujas que tuvo lugar en Europa, y que después se exportó a las colonias, durante los siglos XVI y XVII. Se calcula que en los procesos por brujería fueron asesinadas unas 60.000 mujeres. La caza de brujas, junto con el colonialismo, fue determinante para el paso del feudalismo al capitalismo. Este nuevo sistema económico necesitaba mano de obra barata, que se consiguió mediante el control de la sexualidad de las mujeres y se sostuvo, también, por el trabajo no remunerado al que se las sometió, relegándolas al ámbito del hogar[4].

Silvia Federici, en una entrevista en *El Salto*, apunta cuáles son las consecuencias que ha tenido esta persecución de las mujeres[5]:

---

[4] S. Federici, *Calibán y la bruja. Mujeres, cuerpo y acumulación primitiva*, Madrid, Traficantes de Sueños, 2010.

[5] S. Babiker, «Silvia Federici: "La caza de brujas contribuyó a destruir el poder social de la mujer, a desvalorizarla como sujeto"», *El Salto,* 2019 [www.elsaltodiario.com/feminismos/silvia-federici-brujas], consultado en septiembre de 2023.

La caza de brujas se acompañó también de una campaña de terror contra las mujeres que ha dejado un impacto muy fuerte sobre la condición social, sobre la imagen de quiénes son las mujeres, ha contribuido a destruir el poder social de la mujer, a desvalorizar a la mujer como sujeto social. [...] Creo que es muy importante recuperar esta historia ante todo para comprender cuáles fueron las fuerzas sociales que implicó, cuáles fueron sus motivaciones y cómo todo esto impactó en la condición de la mujer y su relación con el presente. Cómo nos ayuda a comprender el incremento de la violencia contra la mujer, de la cual somos testigos cada día en cualquier parte del mundo.

Los casos que hemos citado nos permiten entender que la gestación subrogada no es una nueva forma de explotación del cuerpo de la mujer. Hemos dicho que no podemos leer los actos descritos sin el contexto histórico y cultural pertinente, pero sí que es necesario poner en tela de juicio los usos contemporáneos de estas fuentes y los valores que sostienen cuando se utilizan. Tomemos el ejemplo del Código de Hammurabi, que decía que no puede ser vendida la esclava que haya parido al hijo de un amo en caso de infertilidad de la esposa. Este hecho se señala como la «primera medida conocida de protección de los derechos de la gestante»[6]. Sin embargo, es evidente que no se hacían políticas a favor de las mujeres, que no tenían ningún poder, sino en beneficio de los hombres, que eran quienes ideaban y ponían en práctica estas políticas y, en definitiva, les sacaban algún provecho.

Cuando las empresas de gestación subrogada apelan a la autoridad de la escena de Abram y Sarai de la Biblia para defender la tradición y la viabilidad de la práctica, están confundiendo los valores y el contexto –histórico, social y cultural– de dos épocas que no tienen nada que ver. Si en ese momento histórico

---

[6] M. J. Rubio Sanchís, *Gestación por sustitución. La situación de la mujer gestante,* TFM, Universidad de Salamanca, 2012 [https://gredos.usal.es/bitstream/handle/10366/118704/TFM_EstudiosInterdisciplinaresGenero_RubioSanchis_MJ.pdf?sequence=1&isAllowed=y], consultado en septiembre de 2023.

la posesión de esclavos era legítima, ahora ya no lo es, del mismo modo que sobre el cuerpo de la mujer no debería decidir nadie que no sea ella misma. Que lo justifiquen diciendo que «la mención en la Biblia de esta situación da a suponer que era una práctica viable»[7] es igual de condenable. No podemos inferir que una práctica que era viable en las sociedades antiguas sea legítima en las sociedades de hoy en día. No podemos considerar ético violar a una esclava y, además, maltratarla como castigo. Es sorprendente y preocupante que justifiquen su producto con un texto en el que se utiliza a Agar como si fuese un objeto a merced de los deseos de otros con más poder.

El desarrollo de la ciencia nos permite hablar de una segunda forma de gestación subrogada, cuando la tecnología médica se empieza a aplicar a la reproducción asistida. La tecnología convierte la gestación subrogada en algo mucho más complejo, ya que mediante esta intervención aparecen nuevas opciones cruzadas: los óvulos pueden no ser de la madre gestante, y lo mismo con los espermatozoides, que pueden ser de un donante. Por tanto, nos encontramos con una diversidad de actores con roles que pueden ser coincidentes y pueden no serlo:

- La donante de óvulos.
- La gestante.
- El donante de espermatozoides.
- Los padres o madres contratantes.

Uno de los primeros usos de la técnica de inseminación artificial en gestación subrogada lo encontramos en Estados Unidos en los años setenta del siglo pasado[8]. El abogado Noel Keane fue uno de los pioneros en convertir la inseminación artificial en un nuevo método para tener hijos. En 1976, alguien le hizo

[7] BabyGest [https://babygest.com/es/historia-casos-previos-gestacion-subrogada/], consultado en septiembre de 2023.
[8] L. van Gelder, «Noel Keane, 58, Lawyer in Surrogate Mother Cases, Is Dead», *The New York Times,* 1997 [https://www.nytimes.com/1997/01/28/nyregion/noel-keane-58-lawyer-in-surrogate-mother-cases-is-dead.html], consultado en septiembre de 2023.

la consulta de si era legal utilizar esta técnica para que una mujer gestase un bebé y se lo entregase a una pareja que no podía tener hijos. Keane puso un anuncio en los periódicos universitarios y encontró a una chica dispuesta a hacerlo. De este modo, en Estados Unidos se negoció y redactó, de manos del abogado Keane, el primer contrato formal entre una madre de sustitución –así la llamó– y una pareja casada. A partir de ese momento, se dedicó al negocio de la gestación subrogada y abrió una clínica en cada estado donde el proceso era legal.

En 1984, en Nueva Jersey, Mary Beth Whitehead contactó con el Centro de Infertilidad de Nueva York dirigido por Keane a raíz de un anuncio en la prensa. Whitehead llegó a un acuerdo de subrogación con el matrimonio Stern por el cual se sometía a un proceso de inseminación artificial con el esperma de William Stern. En 1986, nació la Baby M y, un día después de entregarla, Whitehead se arrepintió e intentó recuperarla. En 1987, los juzgados dieron validez al acuerdo de subrogación y le concedieron la custodia legal a los Stern. Un año después, en 1988, la Corte Suprema de Nueva Jersey revocó la validez del acuerdo de subrogación, pero mantuvo la custodia legal para los Stern, porque consideraba que era lo mejor en interés de la niña y le concedió a Whitehead un régimen de visitas[9]. Entre los motivos citados por los que se negaba la custodia a Whitehead, destacan tres:

- Demostró durante el juicio una actitud impulsiva y chantajista.
- No tenía ninguna razón legal para cambiar de opinión y quedarse con la niña.
- Tenía problemas psicológicos y desórdenes de la personalidad, por lo que el juez no la consideró apta para cuidar de una menor.

¿Cuál debería haber sido la actitud correcta de Whitehead? ¿Qué motivos habría encontrado adecuados el juez para cam-

---

[9] M. B. Whitehead y L. Schwartz-Nobel, *A Mother's Story. The Truth About the Baby M Case*, Nueva York, St Martins Press, 1989.

biar de opinión? Tampoco se entiende por qué los «problemas psicológicos y de personalidad» no tuvieron ninguna relevancia a la hora de firmar el contrato de subrogación y, en cambio, pasaron a ser decisivos en relación con la custodia. En cualquier caso, desacreditar la capacidad de Whitehead sobre la base de sus actitudes durante el juicio y su inestabilidad psicológica recuerda a esa atribución social de la histeria como característica del género femenino históricamente tan propia de la estructura patriarcal.

Por casos como este, y desde que existe esta opción, generalmente la subrogación se hace por fecundación *in vitro* con material genético distinto al de la gestante. Es lo que se llama *subrogación gestacional*. En cambio, al caso de Baby M y otros llevados a cabo por inseminación artificial antes de la existencia de la fecundación *in vitro* se los llama *subrogación tradicional*.

LAS TIPOLOGÍAS DE GESTACIÓN SUBROGADA

A menudo utilizamos el concepto de *gestación subrogada* de modo genérico e incluimos todas las opciones existentes, pero hay diferentes maneras de concretar una subrogación en función de las diferentes variables.

Hay diferentes tipologías de gestación subrogada en función de quien aporta el material genético, como ya hemos adelantado; es decir, de la relación genética que hay entre la gestante y los contratantes con el bebé:

- *Subrogación tradicional, lineal o parcial:* es aquella en que la madre gestante es también la madre biológica o genética de la criatura, ya que la gestación se lleva a término con sus propios óvulos. El proceso implica menos tecnología médica, ya que se suele hacer por medio de una inseminación artificial. Se puede hacer con espermatozoides de un donante o con los del padre contratante. Este tipo de gestación subrogada está en desuso por dos motivos. Por un lado, para evitar el vínculo genético, emocional incluso, de la gestante con la criatura; por otro, para evitar los «futuros problemas» que este vínculo podría causar, como en el caso de la Baby M y Mary Beth Whitehead.

• *Subrogación gestacional, completa o total*: es aquella en que la gestante solo hace de «receptáculo» y no aporta material genético a la criatura. Suele hacerse con óvulos de una donante, que puede ser o no la madre contratante, y con los espermatozoides de un donante o del padre contratante. En este caso se usa la fecundación *in vitro* y el embrión se implanta en el útero de la madre gestante. Actualmente, es el tipo de gestación subrogada más utilizado, porque se evita el vínculo genético y se intenta minimizar la conexión emocional de la gestante con el bebé. En este caso, se dan las siguientes combinaciones genéticas posibles:

 – Los dos gametos proceden de los dos padres contratantes.
 – Los dos gametos proceden de donantes o de donación de embriones.
 – Un padre o madre contratante proporciona uno de los gametos, mientras que el otro procede de donación.

También clasificamos la subrogación por el grado de relación o parentesco que existe con la madre gestante:

• *Gestación subrogada intrafamiliar:* es aquella en que la mujer gestante tiene relación familiar con la madre contratante. Esta relación puede darse entre hermanas, primas o familiares de la misma generación, o de madre a hija o viceversa.
• *Gestación subrogada extrafamiliar:* es aquella en que la madre gestante no tiene ningún vínculo familiar con los padres contratantes.

Por otro lado, en función del país donde se realiza, diferenciamos entre:

- *Gestación subrogada nacional:* es aquella en que se lleva a cabo en el mismo país de los padres contratantes.
- *Gestación subrogada internacional:* es aquella que se lleva a cabo en un país extranjero. En este caso, los padres contratantes viajan al país donde nazca la criatura.

Por último, la clasificación más controvertida es la que depende del tipo de acuerdo económico que se establece entre las partes:

- *Gestación subrogada comercial:* la madre gestante recibe una compensación económica, más allá de los gastos generados por el mismo embarazo. En caso de que los haya, las empresas o clínicas vinculadas al proceso también cobran.
- *Gestación subrogada altruista:* la madre gestante solo recibe el equivalente económico derivado de los gastos que supone la gestación. Esta opción puede representar también una práctica encubierta de gestación subrogada comercial, porque bajo la etiqueta «altruista» muchas empresas incluyen como gastos cosas que no lo son o inflan otros como forma de compensación económica a la madre gestante.

Hay muy pocos casos de auténtica gestación subrogada altruista, y normalmente se dan en el ámbito intrafamiliar; sin embargo, suele presentarse como una práctica muy extendida y habitual. La gestación es un proceso muy duro para el cuerpo, que tiene consecuencias y secuelas en la mujer que lo lleva a cabo, por lo que no es muy creíble que haya tantas mujeres dispuestas a pasar por un embarazo porque sí en favor de un desconocido. La gestación subrogada altruista cumple la función de lavado de cara, una manera de generar una opinión pública favorable. Es una forma de reducir la gestación a un mero intercambio comercial y de diluir la sensación de que la mujer se convierte en un objeto a cambio de un producto: el bebé.

¿Externalizar la maternidad?

No toda la gente que opta por la gestación subrogada la escoge porque sea infértil –que es la imposibilidad de conseguir que el embarazo llegue a término–, estéril –que es la incapacidad de conseguir un embarazo– o por una desesperación asociada a las diferentes dificultades del embarazo. Hay quien escoge la gestación subrogada porque la combinación de los cuerpos de los contratantes no les permite gestar: por ejemplo, una pareja o núcleo familiar de chicos cisgénero homosexuales, o una pareja o núcleo familiar de personas que tienen pene. También hay quien opta por la gestación subrogada porque no quiere pasar por el proceso fisiológico de un embarazo, pero quiere asegurarse una criatura recién nacida y con su propio código genético. Este podría ser el caso de Kim Kardashian, quien, después de tener dos criaturas ella misma, optó por la gestación subrogada para el resto de hijos. De hecho, llegó a recomendar la subrogación como forma de ahorrarse los pesados cambios que supone para el cuerpo un embarazo y la lucha contra los kilos del posparto. Al cabo de un tiempo, explicó que había optado por la gestación subrogada porque en sus anteriores embarazos había sufrido preeclampsia y placenta adherida. En el clan Kardashian, Kim no fue la única que eligió esta opción: su hermana Khloé se sirvió de la gestación subrogada para tener a la segunda criatura y protagonizó una polémica viral al mostrar una fotografía en la cama del hospital con la criatura en brazos, como si fuese ella la que había parido.

La retórica de ahorrarse el padecimiento físico y las «molestias» del embarazo por medio de la gestación subrogada no es exclusiva de Kim Kardashian. Ya desde los inicios de esta práctica, cuando aparece la fecundación *in vitro,* se apuntan posibles beneficios como, por ejemplo, ahorrarse el agotamiento que implica gestar o las limitaciones personales que conlleva embarazarse, y así poder trabajar, salir y hacer «vida normal» mientras otra persona hace la «faena» por ti. Externalizando la gestación, la madre contratante se ahorra pasar por esta etapa y eso se ve como algo beneficioso. Pero esta retórica responde a la lógica productivista, y esta vez es la maternidad lo que somete al capitalismo, con el eje de clase atravesando tanto la idea como el hecho de la gestación subrogada: sin mujeres pobres deviene una práctica insostenible, ya que nadie se ofrecería a hacerlo a cambio de dinero.

Hasta se ha empezado a experimentar con la creación de úteros artificiales. Así lo ve, por ejemplo, Hashem al Ghaili, autodenominado cineasta, productor y comunicador científico. Al Ghaili ha imaginado *Ectolife,* un proyecto –de momento ficticio– de creación de granjas con úteros artificiales. Según Manuel Fernández, periodista de *El Español*, Al Ghaili cree que «el embarazo conlleva ciertos problemas que la progenitora tiene que sufrir y que son tremendamente problemáticos. El dolor, la fatiga y los síntomas asociados a los cambios fisiológicos que sufre la madre respecto al embarazo son parte de un proceso nada beneficioso para la madre, pudiendo incluso afectar a su hijo»[10]. Propuestas y discursos como estos fallan y no tienen en cuenta la relación en la etapa perinatal entre la persona gestante y el futuro bebé. Somos mamíferos, animales sociales que, en general, necesitamos el contacto. Las consecuencias que podría tener una gestación en un espacio no humano o, incluso, en un útero de alguien que intenta no generar vínculo con la criatura pueden ser verdaderamente perjudiciales, como veremos más adelante en el capítulo IX.

Lo que hay que procurar es que un embarazo se pueda vivir sin presión, facilitando que la persona embarazada no viva las consecuencias de un entorno productivista, consumista y capitalista, que reciba información veraz y realista sobre lo que vivirá. Un mundo en el que la prioridad no sea mantener la figura durante el embarazo ni hacer creer que para la mayoría de mujeres esta etapa es una molestia o que el embarazo responde a una serie de normas morales y sociales sobre lo que se espera de

---

[10] M. Fernández, «Úteros artificiales sin necesidad de gestante: la distópica factoría de bebés que plantea un artista», *El Español*, 2022 [https://www.elespanol.com/omicrono/tecnologia/20221212/uteros-artificiales-sin-necesidad-gestante-distopica-factoria/725427742_0.html].

la maternidad, que condicionan su vivencia. Un mundo, sobre todo, donde el dinero no pone una línea roja entre las mujeres que se quieren ahorrar gestar porque lo tienen y pueden pagar y las que se ven obligadas a someterse porque no lo tienen. Esto es, un mundo en el que el dinero no esté por encima de las personas[11].

---

[11] A lo largo del libro se usa con frecuencia el término *gestación subrogada* porque es el más popular, pero yo lo considero una práctica de explotación reproductiva, tal como señalaré en algunos lugares de este texto.

III

LA TERGIVERSACIÓN DEL LENGUAJE

> El lenguaje es político, cosa que se ve claramente en este ámbito, donde los términos que se usan cambian mucho en función del posicionamiento.
>
> Layla Martínez

La elección de las palabras para definir la gestación subrogada marca las posiciones ideológicas de los diferentes interlocutores en el debate. Generalmente, quien está en contra de esta práctica usa la expresión *vientre de alquiler*, pero, tal como dice Layla Martínez en su libro *Gestación subrogada. Capitalismo, patriarcado y poder*[1], el significado no abarca la totalidad del agravio. El intercambio comercial se expande sobre el cuerpo mucho más allá de un simple alquiler. Se aduce que el vientre o el cuerpo se alquila únicamente durante los meses del embarazo, pero en realidad el cuerpo –y la mente– queda atrapado por la subrogación mucho más tiempo: debería incluir también las preparaciones previas para poder gestar y todo por lo que pasan las gestantes en el posparto. Deberíamos añadir, además, las cuestiones relacionadas con el bebé y la pérdida de derechos cuando eres sujeto de esta transacción para ver las consecuencias con más perspectiva y en toda su complejidad.

Los sectores contrarios o críticos con esta práctica, que la consideran una forma de explotación reproductiva y sexual, la llaman también *gestación subrogada*. Subrogar proviene del lenguaje jurídico y significa asumir una función, una obligación o un derecho de otro sobre una cosa o persona. *Surogare* es una

---

[1] L. Martínez, *Gestación subrogada. Capitalismo, patriarcado y poder*, Logroño, Pepitas de Calabaza, 2019.

29

palabra latina que significa «sustituir» y se puede dividir en dos componentes léxicos: el prefijo *sub-*, «bajo, por debajo de», y *rogar*, «pedir haciendo un gesto con la mano extendida». Posiblemente, se designó este término porque es otra persona –que no la madre o el padre contratante– quien asume la gestación del bebé. Pero se trata de una palabra que suele utilizarse para referirse a cosas, y visibilizar esto ayuda a entender cómo esta práctica contribuye a la cosificación de las mujeres. Sin embargo, es muy importante considerar lo que la socióloga Daniela Danna denuncia sobre el uso del término *subrogar*, porque sugiere que la madre gestante no es la madre real y produce la ilusión de que es la proveedora del óvulo quien lo es: «Este argumento es falaz y solo se puede sostener por medio de una concepción abstracta de la propiedad que ignora que la "madre gestante" es quien crea y nutre materialmente al niño, un proceso que no implica únicamente los nueve meses de embarazo, ya que también hay una transferencia de material genético: realmente el niño está hecho de su carne y de sus huesos»[2].

Encontramos aun otras aproximaciones, como la del Observatorio de Bioética y Derecho de la Universidad de Barcelona, que emplea el concepto *maternidad subrogada* para poner énfasis en el aspecto más emocional y para hacer explícito que no solo se alquila un vientre –una parte del cuerpo– o se subroga una gestación –un procedimiento–, sino que es la maternidad –una cualidad– lo que se reemplaza[3].

Yo misma suelo utilizar el término *gestación subrogada*, lo cual indica que me posiciono claramente en contra de un sistema que facilita las situaciones de explotación de la madre gestante, que no tiene en cuenta los derechos de la criatura gestada y que, en muchos casos, se aprovecha de la desesperación de algunas parejas que piensan que su vida no tiene sentido sin

---

[2] D. Danna, *Contract Children. Questioning Surrogacy*, Stuttgart, Ibidem-Verlag, 2015.

[3] M. Casado y M. Navarro-Michel (coords.), *Document sobre gestació per substitució*, Barcelona, Edicions de la Universitat de Barcelona, 2019 [https://diposit.ub.edu/dspace/bitstream/2445/128362/1/08967.pdf], consultado en septiembre de 2023.

descendencia para fomentar la noción del bebé como derecho y como propiedad que puede ser comprada. Pero pienso en la gestación subrogada como *explotación reproductiva*, una expresión menos extendida pero mucho más precisa.

En cambio, las posiciones favorables a la gestación subrogada suelen usar el concepto *gestación por sustitución*. De todas las opciones comentadas, parece que es el concepto que menos connotaciones negativas tiene y más se aleja de la idea de que se compran bebés, se explotan personas y existen consecuencias físicas y psicológicas para las madres gestantes y los bebés. Una forma muy conveniente para que haya aceptación social y se avance en la regularización. De hecho, se trata del término que se ha impuesto en el ordenamiento jurídico español.

Las distintas expresiones que conviven y dan nombre a esta misma práctica no son neutras, sino que permiten entender las connotaciones de fondo y el lugar desde el que se enuncian. Hasta ahora hemos expuesto algunos ejemplos del lenguaje escrito o verbal, pero vale la pena analizar el lenguaje visual, esto es, el conjunto de imágenes que acompaña la publicidad de las asociaciones, las clínicas y las empresas que se enriquecen ofreciendo estos servicios.

ROMANTIZACIÓN DE LA GESTACIÓN SUBROGADA

La información que ofrecen las páginas web de entidades que promueven la gestación subrogada incluye mensajes como «esta técnica permite cumplir el sueño de ser padres»[4], «el proceso de gestación subrogada es el viaje más asombroso, desafiante y tumultuoso que se puede emprender»[5], «ayúdanos a luchar por nuestros derechos», «puedes hacer realidad tu sueño», «quiero tener un hijo, es mi sueño» o «ayudamos a

---

[4] Surrogacy365 [https://www.surrogacy365.com/es/maternidad-subrogada-una-solucion-etica], consultado en septiembre de 2023.

[5] Nordic Surrogacy [https://www.nordicsurrogacy.se/es/sobre-el-proceso-de-gestacion-subrogada/], consultado en septiembre de 2023.

crear nuevas vidas. Colaboramos con equipos de distintos países»[6].

Esta retórica se centra en la emotividad y apela al deseo de las parejas que optan por la gestación subrogada, y al mismo tiempo defiende que tener hijos es un derecho. Es cierto que algunas personas que son el objetivo de estas clínicas desean crear una familia y no pueden cumplirlo de manera natural o mediante técnicas reproductivas. No obstante, es importante destacar que solo podrán acceder a ellas si tienen un poder adquisitivo alto y que tener hijos no es un derecho, por más que la sanidad pública sí que debería poner todos los recursos disponibles –me refiero a aquellos que no tienen que ver con la explotación de terceras personas– para hacer posible la maternidad con asistencia médica de forma gratuita para todo el mundo. En ningún caso la gestación subrogada debe ser una opción, porque aquí el deseo de unas personas depende de la explotación de otras. Además, como hemos visto, la gestación subrogada también es una elección de parejas que no tienen problemas de fertilidad pero quieren evitar pasar por un embarazo propio.

Aparte de los mensajes que favorecen la materialización de los deseos de la pareja, hay que destacar el discurso que se hace sobre las gestantes: se habla de ayudar en la preselección de la sustituta, de acompañarla en los distintos procesos y asegurarse de que pasa por los controles médicos pertinentes, firma del contrato, etc., o bien se habla de la captación de gestantes. «En los países en los que existe legislación en materia de gestación subrogada (excepto en Reino Unido), no permiten a la gestante quedarse con el niño/a»[7]. Es decir:

1. Puedes seleccionar la mercancía a tu gusto.
2. Eliminamos tu preocupación ante posibles consecuencias legales.

---

[6] Gestlife [https://www.gestlifesurrogacy.com/], consultado en septiembre de 2023.

[7] Gestlife [https://www.gestlifesurrogacy.com/faq.php], consultado en septiembre de 2023.

No encontramos mucha más información sobre las gestantes, pero sí la habitual sección sobre preguntas frecuentes con la siguiente cuestión: «¿Lo hacen solo por dinero?»[8]:

> La mayoría de gestantes aducen que uno de los principales motivos es ayudar a ser madre a otra mujer que no puede serlo. Ellas mismas son madres y comprenden cómo se siente una mujer que no puede gestar. Su hijo lo es todo para ellas, y no conciben el mundo sin él. La compensación económica es importante, evidentemente, pero no lo es todo.

Lo primero que llama la atención es que en su texto la necesidad económica queda en segundo plano, cuando, de hecho, podemos afirmar que es el principal motivo que lleva a estas mujeres a hacerse madres gestantes. De no ser así, lo harían de forma altruista o no lo harían. Si la necesidad económica es el desencadenante de su decisión, la madre gestante se encuentra en una situación de desventaja y, por tanto, de inferioridad.

En las definiciones de gestación subrogada, los discursos propios de las entidades, clínicas o empresas que se dedican a ello ponen énfasis en que se «hace donación de su capacidad gestacional». Una lectura crítica ve rápidamente la distorsión del concepto de *donación* que usan estos discursos. Por *donación,* según la definición del diccionario de la RAE, se entiende la acción de donar, la «liberalidad de alguien que transmite gratuitamente algo que le pertenece a favor de otra persona que lo acepta». Podemos afirmar, pues, que la gestante no hace una donación, ya que no dona a la criatura de forma gratuita, sino que recibe una compensación económica a cambio; y que se trata de una venta, puesto que las personas que intervienen no se encuentran en posición de igualdad.

Si bien puede haber algún caso particular de gestación altruista por convicciones religiosas o motivos personales –sobre todo en Estados Unidos–, hay estudios que demuestran que la

---

[8] *Ibid.*

realidad no suele ser esta, sino que las dificultades económicas son la primera motivación para plantearse la subrogación. Así lo indican, por ejemplo, las investigaciones llevadas a cabo en los últimos tiempos en India e Irán, con testimonios como este: «Lo hice por mi marido, él tenía muchas deudas que había que pagar. Con el dinero que recibimos pagó todas sus deudas»[9], o este otro: «Soy viuda y vivo con mi suegra y mi hijo. Vivía en la pobreza extrema y teníamos goteras en casa. Una mujer de la clínica vino a casa y hablamos sobre gestación subrogada. Necesitaba el dinero con urgencia y me lo explicó como si fuese muy fácil. Ella misma lo había hecho tres veces. La escuché y fui a la clínica solo por dinero».

Ahora bien, en la difusión que hacen las entidades que se dedican a la gestación subrogada no se incluyen estos testimonios de mujeres con una fuerte necesidad económica derivada de causas estructurales: las desigualdades económicas y la injusticia social facilitan y promueven diferentes tipos de explotación de las personas que de otra manera no serían posibles. Y en los pocos lugares en los que se mencionan, se usa una retórica romántica: «La maternidad subrogada es un regalo gratificante. Muchas mujeres que optan por la maternidad subrogada lo hacen para devolver algo a otra familia. Hace falta ser una persona especial y compasiva para convertirse en madre de alquiler. Una madre de alquiler puede salir de la experiencia con un profundo sentimiento de orgullo y satisfacción por haber podido ayudar a otra familia»[10]. Se apela a valores morales como la solidaridad y la compasión, que permiten a los contratantes estar en paz con su decisión, y se defiende que la subrogación tiene efectos emocionales positivos para las mujeres gestantes: «Los sustitutos disfrutan de un sentimiento de comunidad. La gestación subrogada es una gran experiencia, y muchas madres de alquiler son

---

[9] I. Olza, «La durísima experiencia de gestar para otros», *Mujeres y Salud* 53 (2023) [https://iboneolza.org/2023/09/14/la-durisima-experiencia-de-gestar-para-otros/], consultado el 7 de mayo de 2024.

[10] Bypons [https://surrogacybypons.com/es/subrogacion-beneficios/], consultado el 7 de mayo de 2024.

capaces de desarrollar vínculos profundos y estrechos con otras mujeres que han completado el proceso»[11].

Estos discursos se sostienen en una visión esencialista de la naturaleza femenina que el sistema patriarcal favorece. Pero es que además nunca se nos dice de dónde salen estos discursos, que tienen una voluntad claramente publicitaria. Y las pocas veces que se menciona el intercambio económico, se insinúa que se trata más de un complemento para cumplir determinados deseos –que suelen coincidir con las aspiraciones existentes en los países de renta alta– que de una cuestión de supervivencia: «Las madres de alquiler están bien remuneradas. A cambio de un compromiso de un año con los futuros padres y de completar su familia, así como de las muchas exigencias físicas y emocionales del embarazo, la madre de alquiler recibe una buena compensación con una cantidad que puede utilizar para conseguir sus objetivos futuros y mantener a su familia, como comprar una casa o pagar la educación universitaria de sus hijos».

Vemos contradicciones evidentes entre las distintas afirmaciones. Primero se explica que es un regalo gratificante, que la motivación es de índole moral, pero luego se nos dice que también hay remuneración y que parte de la motivación es económica. Si comparamos la gestación subrogada con otras prácticas consideradas altruistas, como la donación de órganos, nos encontramos con que, en el último caso, la venta está prohibida porque se considera que, a causa de las desigualdades estructurales, las personas más desfavorecidas serían las que accederían a vender sus órganos a cambio de dinero.

Con la gestación subrogada pasa lo mismo: no es un regalo, es una compraventa. Sin embargo, hay una cuidada selección del vocabulario cuando se habla de quien contrata los servicios de subrogación para evitar que pensemos en la dimensión económica. Se habla de *padres comitentes* o *de intención*, en lugar de *contratantes*, para obviar la relación contractual. Ha-

---

[11] Bypons [https://surrogacybypons.com/es/subrogacion-beneficios/], consultado el 7 de mayo de 2024.

blar de padres y madres comitentes quiere decir hablar de personas que confían a otra el cuidado de sus intereses –de sus deseos, dirían ellos en su definición–: «El comitente es la persona que paga y encarga a otra persona». Si la persona gestante acompaña en este proceso a los comitentes, podemos asegurar que se trata de la concomitente. Con el prefijo *con-*, que significa «con o acompañando a», construimos la palabra *concomitente*, que define a la «persona que vende por medio de un comisionista».

En última instancia, la madre gestante tiene una relación contractual legal regida por unas normas establecidas que tiene que seguir para cobrar el dinero. Pese a que hablamos de *comitente*, la confianza que guía la relación entre ambas partes no es hacia la mujer que gesta y hacia su capacidad de cuidar el embarazo, sino hacia el deber de cumplir las normas contractuales. Esta dimensión legal también queda remarcada en el concepto de padres y/o madres de intención.

Finalmente, para empatizar con los contratantes de la subrogación, mientras se enmascara el procedimiento de dependencia y de desigualdad económica, pero también para dar una visión romántica del proceso, encontramos otros conceptos como:

- *Coengendrar.* Se utiliza para tratar de identificar a la pareja contratante como engendradora de la criatura junto con la madre gestante.
- *Engendrar por medio de otra persona.* Es el término que el partido político Ciudadanos utilizó en 2019 en la propuesta de ley para regular la subrogación en el Estado español, donde aún es ilegal. Define «el derecho a la gestación por sustitución» como el que «asiste a los progenitores subrogantes a gestar, por la intermediación de otra [familia]».
- *Derecho a la filiación del menor.* La filiación es el vínculo jurídico por consanguinidad o por acto jurídico que existe entre dos personas cuando una es descendiente de la otra. Este derecho reconoce la filiación entre la criatura y los padres y/o madres contratantes bajo la justificación de un vínculo genérico. En cambio, no hay ningún reconocimien-

to de la filiación entre la criatura y la madre gestante, ya que no se comparte material genético, sino que se utiliza su útero. Este reconocimiento de filiación hacia la persona gestante del menor queda prohibido explícitamente por contrato y bajo imposibilidad de cambiar de opinión en el futuro.

Este uso del vocabulario tiene como objetivo generar un clima de confianza y visión positiva hacia la gestación subrogada y sirve a unos intereses particulares. Pero las palabras no son el único método para intentar inclinar a la opinión pública a favor de esta práctica. Las compañías también hacen campañas visuales, mostrando una imagen particular que quieren dejar en el imaginario colectivo e individual. A menudo aparecen familias felices sosteniendo a bebés en brazos. Apelan al deseo de las parejas que quieren tener descendencia y proponen escenarios para que se identifiquen en ellos. Además, fomentan la compasión hacia la práctica de la gestación subrogada, que es vista como la consecución de un fuerte deseo de familia. Es decir, toda la publicidad muestra principalmente a los receptores del bebé. Por el contrario, no suele haber imágenes reales de madres gestantes embarazadas: no les interesa que el público piense en las condiciones en las que viven, cómo se sienten, qué controles deben seguir, a qué limitaciones y prohibiciones están sometidas o en qué lugares pasan el embarazo. Lo que quieren es fomentar la empatía hacia un lado de la ecuación y alienar o reducir al máximo la empatía hacia el otro.

Entre las técnicas para minimizar el papel de la mujer gestante en los anuncios está la cosificación. Muchas clínicas no muestran más que alguna de las partes del cuerpo que intervienen en una gestación subrogada, como el útero, los óvulos, los espermatozoides o el vientre embarazado. Su objetivo es desvincular la idea de la madre gestante de la persona y procurar que la identifiquemos solo con la parte del cuerpo que se pone a disposición –que se alquila temporalmente– para la gestación subrogada, como cualquier otro producto. Se trata de prácticas cuestionables de promoción de las empresas –que, como dice

Marcelino Abad Ramón[12], aprovechan las grietas legales para enriquecerse–, pero que el Ministerio de Igualdad pretende frenar: «La Ley General de Publicidad considera ilícitos "los anuncios que presenten a las mujeres de forma vejatoria o discriminatoria, bien utilizando particular y directamente su cuerpo o partes del mismo como un mero objeto desvinculado del producto que se pretende promocionar, bien su imagen asociada a comportamientos estereotipados"».

Otra estrategia para favorecer la simpatía hacia la gestación subrogada es dar voz a los casos de famosos que se han servido de ella. La imagen que los medios de comunicación ofrecen de la gestación subrogada puede tildarse de endulzada, porque nos muestran la felicidad de los multimillonarios al salir del hospital con un bebé. Hemos visto el ejemplo de Kim Kardashian, pero hay muchos más: Cristiano Ronaldo, Tamara Gorro, Sarah Jessica Parker, Nicole Kidman, Ricky Martin o Miguel Bosé, por citar solo algunos. Que hayan generado poca controversia y debate público sobre las implicaciones morales de la práctica hace que la gestación subrogada poco a poco se identifique con el discurso de éxito romantizado y se deje de lado la profunda desigualdad existente entre contratante y contratada.

NO SOMOS VASIJAS. ¿QUÉ PASA CUANDO HAY IMPREVISTOS?

El vídeo de la empresa de gestación subrogada proclama: «Durante el embarazo, Marta y Javier estuvieron muy tranquilos porque su programa incluía soluciones frente a cualquier cosa terrible que pudiese suceder, garantizándoles una niña al final del proceso»[13]. No se nos dice nada de la madre gestante,

---

[12] M. Abad Ramón, «Vientres de alquiler: una boyante y turbia industria que aprovecha las rendijas legales para enriquecerse», *El País*, 19 de junio de 2022 [https://elpais.com/economia/negocios/2022-06-19/vientres-de-alquiler-una-boyante-y-turbia-industria-que-aprovecha-las-rendijas-legales-para-enriquecerse.html], consultado en mayo de 2024.

[13] [https://www.youtube.com/watch?v=H89_ZWUjuH4&list=PLr_7c83Cf uUFRTbXfyOY9d5SNisY8iFQ3], consultado el 7 de mayo de 2024.

y el vídeo necesariamente suscita algunas cuestiones: ¿cómo garantizan las empresas que todo irá bien? ¿Qué pasa cuando no va todo como se había previsto?

La madre gestante, cumpliendo unos requisitos muy estrictos, no tiene derecho a decidir ni a cambiar de opinión, porque ha firmado un contrato por el cual renuncia a sus derechos. Un contrato que ha firmado, en la mayoría de los casos, sometida a la presión de unas necesidades económicas urgentes. Ahora bien, estos contratos usan un lenguaje que es interpretable. Son públicos y conocidos los casos de rechazo del bebé una vez nacido. En 1983, la prensa ya se hacía eco de un caso de bebé nacido con microcefalia en el que se pedía la devolución del dinero[14], pero luego han sido muchos los artistas que rechazaban bebés con deformidades o los intentos de obligar a la madre gestante a abortar cuando el embarazo es múltiple (ahora muchos contratos ya estipulan la obligación del bebé único). En 2014, nació de una madre tailandesa contratada un niño con síndrome de Down y una niña. El matrimonio australiano contratante se llevó a la niña y dejó al niño. La madre gestante acudió a los medios de comunicación y consiguió hacer una campaña para recaudar fondos para cuidar y mantener al niño rechazado[15]. El padre contratante reclamó el dinero aduciendo que era su hijo. He aquí, pues, un uso perverso del lenguaje, que emplea la palabra *hijo* para reclamar el dinero, pero no para cumplir unas obligaciones de paternidad. Con un añadido: la mayoría de países tienen penas asociadas al hecho de tener hijos y abandonarlos; en España con pena de prisión de uno a dos años. ¿Tener hijos en otro país te exime de tus responsabilidades?

El manifiesto *No somos vasijas* denuncia el alquiler parcial o total de mujeres y se declara en contra de cualquier tipo de re-

---

[14] L. Luque, «Maternidad subrogada: "¿Producto defectuoso? ¡Fuera!"», en *Aceprensa*, 2016 [https://www.aceprensa.com/ciencia/maternidad-subrogada-producto-defectuoso-fuera/], consultado el 8 de mayo de 2024.

[15] «Tailandia reacciona contra la práctica de las madres de alquiler», *Aceprensa,* 2014 [https://www.aceprensa.com/ciencia/tailandia-reacciona-contra-la-practica-de-las-madres-de-alquiler/].

gulación en torno a la utilización de las mujeres como «vientres de alquiler». He aquí los puntos del manifiesto[16]:

- Abogamos por el derecho a decidir de las mujeres en materia de derechos sexuales y reproductivos. La maternidad por sustitución niega a las mujeres gestantes el derecho a decidir durante el proceso de embarazo y en la posterior toma de decisiones relativas a la crianza, cuidado y educación del menor o la menor.
- Elegir es preferir entre una serie de opciones vitales. La elección va acompañada, a su vez, de la capacidad de alterar, modificar o variar el objeto de nuestras preferencias. La maternidad subrogada no solo impide a las mujeres la capacidad de elección, sino que además contempla medidas punitivas si se alteran las condiciones del contrato.
- La llamada «maternidad subrogada» se inscribe en el tipo de prácticas que implican el control sexual de las mujeres: si en las sociedades tradicionales, los matrimonios concertados o la compra por dote son las formas típicas por las que se ejerce el control sexual de las mujeres, en las sociedades modernas la prohibición del aborto, la regulación de la prostitución y la maternidad subrogada son sus más contundentes expresiones.
- Alquilar el vientre de una mujer no se puede catalogar como «técnica de reproducción humana asistida». Las mujeres no son máquinas reproductoras que fabrican hijos en interés de los criadores. Es, por el contrario, un ejemplo evidente de «violencia obstétrica» extrema.
- El «altruismo y generosidad» de unas pocas no evita la mercantilización, el tráfico y las granjas de mujeres comprándose embarazos a la carta. La recurrencia argumentativa al altruismo y generosidad de las mujeres gestantes para validar la regularización de los vientres de alquiler,

---

[16] *No somos vasijas. Las mujeres no se pueden alquilar o comprar de manera total o parcial* [https://observatorioviolencia.org/manifiesto-no-somos-vasijas/], consultado en marzo de 2024.

refuerza la arraigada definición de las mujeres, propia de las creencias religiosas, como «seres para otros» cuyo horizonte vital es el «servicio». Lo cierto es que la supuesta «generosidad», «altruismo» y «consentimiento» de unas pocas solo sirve de parapeto argumentativo para esconder el tráfico de úteros y la compra de bebés estandarizados según precio.

- Cuando se legaliza la maternidad subrogada «altruista», se incrementa también la comercial. Ningún tipo de regulación puede garantizar que no habrá dinero o sobornos implicados en el proceso. Ninguna legalización puede controlar la presión ejercida sobre la mujer gestante y la relación de poder desigual entre compradores y mujeres alquiladas.

- No aceptamos la lógica neoliberal que quiere introducir en el mercado «los vientres de alquiler», ya que se sirve de la desigualdad estructural de las mujeres para convertir esta práctica en nicho de negocio que expone a las mujeres al tráfico reproductivo.

- Las mujeres no se pueden alquilar o comprar de manera total o parcial. La llamada «maternidad subrogada» tampoco se puede inscribir, como algunos pretenden, en el marco de una «economía y consumo colaborativo»: la pretendida «relación colaborativa» solo esconde «consumo patriarcal» por el cual las mujeres se pueden alquilar o comprar de manera total o parcial.

- Nos mostramos radicalmente en contra de la utilización de eufemismos para dulcificar o idealizar un negocio de compraventa de bebés mediante alquiler temporal del vientre de una mujer, ya sea que viva en la dorada California o hacinada en un barrio de India. Así es que nos afirmamos en llamar a las cosas por su nombre: no se puede ni se debe describir como «gestación subrogada» un hecho social que cosifica el cuerpo de las mujeres y mercantiliza el deseo de ser padres-madres.

- La perspectiva de los derechos humanos supone rechazar la idea de que las mujeres sean usadas como contenedoras y sus capacidades reproductivas sean compradas. El derecho a la integridad del cuerpo no puede quedar sujeto a ningún tipo de contrato.

Este manifiesto recoge parte de las estrategias de manipulación discursiva y visual que envuelven la gestación subrogada y que se han expuesto a lo largo del capítulo. Pero aún se puede ir más allá. Desde entidades contrarias a la gestación subrogada se habla directamente de nuevas formas de esclavitud y de compra de personas, tanto de la madre gestante como de la criatura.

EL TERCERO EXCLUIDO

Si hasta ahora hemos hablado de las estrategias por las que las empresas, mediante un enfoque absoluto en torno a los padres y/o madres contratantes y sus sueños, ocultan la voz y la reflexión de la mujer gestante, ahora nos centraremos en el tercero excluido: el bebé. En los procesos de gestación subrogada no se tiene en cuenta que la criatura también tiene derechos. A continuación, se destacan algunos de los artículos de la Convención sobre los Derechos del Niño de la ONU de 1989, resumidos por Amnistía Internacional, que quedan vulnerados en los procesos de gestación subrogada:

- Artículo 3. Toda medida, de carácter judicial o administrativo, que se adopte en relación con un niño debe atender a su propio interés.
- Artículo 8. El Estado protegerá y, cuando sea necesario, restablecerá los aspectos fundamentales de la identidad de un niño: nacionalidad, nombre y relaciones familiares.
- Artículo 9. El Estado velará por que el niño no sea separado de sus padres contra la voluntad de estos, excepto si se trata de una medida de la autoridad competente que, teniendo en cuenta el interés superior del niño, determine lo contrario. El niño tiene derecho a mantener el contacto

con el padre o la madre cuando esté separado del uno, la otra o ambos.

- Artículo 19. El Estado protegerá al niño contra toda forma de maltrato, abuso y explotación de tipo físico, mental o sexual.
- Artículo 20. El niño privado temporal o permanentemente de su entorno familiar, así como aquel que tiene que ser separado de él en función de su interés primordial, tiene derecho a la protección y a la asistencia especiales del Estado.
- Artículo 32. El niño tiene derecho a ser protegido contra la explotación económica y contra el desempeño de cualquier trabajo que ponga en peligro su salud, su educación o su desarrollo integral, y el Estado fijará edades mínimas para trabajar y especificará las condiciones laborales.
- Artículo 34. El niño tiene derecho a ser protegido por el Estado de cualquier tipo de explotación o abuso sexual.
- Artículo 35. Los Estados pondrán todos los medios necesarios para impedir el secuestro, la venta o la trata de niños.
- Artículo 36. Los Estados protegerán al niño contra todas las formas de explotación que sean perjudiciales para cualquier aspecto de su bienestar.

Que sean o no vulnerados estos derechos depende del estatus que otorgamos a la madre gestante. Los partidarios de la gestación subrogada pueden pensar que legalmente la madre gestante ha ccdido sus derechos como madre y, por tanto, la mayoría de artículos sobre derechos de los niños no se verían vulnerados en estas condiciones. Ahora bien, si cuestionamos la legalidad de este tipo de contrato y planteamos que es imposible negar el estatus de maternidad de la mujer que pare el hijo, entonces podemos argumentar que los artículos mencionados se ven efectivamente vulnerados. Además, si añadimos a los derechos de los niños la protección de todo lo relativo a su identidad, podemos asegurar que el resto de artículos tienen también todo el sentido en relación con la madre gestante. El debate de fondo es si es justo aceptar la legalidad de estas prácticas una vez introducidas en la ecuación las dimensiones de desigualdad estructural, de jerarquía de poder y de la comprensión de la subrogación como una compraventa y como explotación de personas. Bajo estos términos, los derechos de los niños nacidos por gestación subrogada quedarían profundamente vulnerados.

Como dice Ana Iris Simón[17]:

> Margaret Atwood erró al imaginar que la explotación reproductiva de la mujer sería normalizada, ejecutada y abanderada por el fanatismo religioso, sin embargo la lleva a cabo el capitalismo en nombre de la libertad. […] Atwood hipotetizó una sociedad autoritaria y cerrada en la que los niños son arrancados de los brazos de su madre nada más nacer para ser entregados a otra familia; ahora tenemos un mundo abierto en el que somos tan libres que podemos, incluso, comprar y vender libremente humanos. […] Donde Atwood imaginó *El cuento de la criada*, ahora tenemos *El cuento de la liberada*.

El discurso que fomenta *El cuento de la liberada* es un ideal escrito a conciencia que deja de lado y es negligente ante la vulneración de los derechos que deberían tener las madres gestantes y las criaturas.

---

[17] A. I. Simón, «El cuento de la criada, versión Kardashian», *El País*, edición digital, 24 de septiembre de 2022 [https://elpais.com/opinion/2022-09-24/el-cuento-de-la-criada-version-kardashian.html], consultado en septiembre de 2023.

IV

LA LEY HABLA

Hecha la ley, hecha la trampa.

Dicho popular

La gestación subrogada es legal en una minoría de países del mundo. Pero las empresas que se dedican a este negocio en países donde no es legal suelen encontrar resquicios para ofrecer esta práctica en el resto de regiones.

¿QUÉ DICE LA LEY EN EL ESTADO ESPAÑOL SOBRE LA GESTACIÓN SUBROGADA?

En el Estado español, diversos órganos oficiales se han pronunciado sobre la gestación subrogada. El Tribunal Supremo ha sentenciado en más de una ocasión que la gestación subrogada vulnera los derechos de las madres gestantes y de los bebés e insiste en que los contratos entre las familias y las empresas que facilitan la subrogación son nulos bajo la jurisprudencia española. En la sentencia 277/2022, del 31 de marzo[1], sobre maternidad subrogada se concluye que la adopción es la opción que vela por los derechos del niño. También en la sentencia 835/2013, del 6 de febrero[2], se denegó el derecho de filiación a una pareja que había contratado a una madre gestante en Estados Unidos.

---

[1] [https://www.newtral.es/wp-content/uploads/2022/04/Sentencia-Tribunal-Supremo-2022-gestacion-subrogada.pdf?x73247], consultado en octubre de 2023.

[2] [https://www.poderjudicial.es/cgpj/es/Poder_Judicial/Noticias_Judiciales/El_Supremo_deniega_la_inscripcion_de_la_filiacion_de_dos_ninos_gestados_en_California_a_traves_de_un_contrato_de_alquiler], consultado en octubre de 2023.

El Boletín Oficial del Estado (BOE) también recoge la Ley 14/2006[3], del 26 de mayo, sobre técnicas de reproducción humana asistida, donde se habla de gestación subrogada (la llama «gestación por sustitución»). El artículo 10 especifica que:

1. Será nulo de pleno derecho el contrato por el que se convenga la gestación, con o sin precio, a cargo de una mujer que renuncia a la filiación materna a favor del contratante o de un tercero.
2. La filiación de los hijos nacidos por gestación de sustitución será determinada por el parto.
3. Queda a salvo la posible acción de reclamación de la paternidad respecto del padre biológico, conforme a las reglas generales.

En resumen, los contratos de las empresas de subrogación no son válidos. Lo que define la filiación es el parto, y el donante de esperma no puede reclamar la paternidad. Lo que se recomienda desde los poderes judiciales españoles como alternativa a las otras opciones reproductivas es la adopción. Pero, como ya se ha expuesto, hecha la ley, hecha la trampa. Pese a que la gestación subrogada no es legal, las empresas encuentran la manera de llevarla a término y registrar a la criatura nacida de una subrogación.

Y EN AMÉRICA LATINA, ¿EN QUÉ PAÍSES ES LEGAL?

Da cuenta de un creciente uso de las prácticas de gestación por subrogación en América Latina, con independencia de la existencia o no de marcos normativos específicos que las regulen.

Nicolás Espejo, editor[4]

La gestación subrogada es un tema controvertido y con distintos tipos de regulación en América Latina. La legislación va-

---

[3] BOE, Ley 14/2006, del 26 de mayo, sobre técnicas de reproducción humana asistida [https://www.boe.es/eli/es/l/2006/05/26/14/con],consultado en octubre de 2023.

[4] N. Espejo-Yaksic *et al.* (eds.), *La gestación por subrogación en América Latina*, Ciudad de México, Tirant lo Blanch, 2023.

ría significativamente entre países y va desde la prohibición explícita hasta el vacío legal que deja margen a la interpretación judicial. A continuación se describen algunas situaciones específicas en la región:

- *Argentina.* Aunque la gestación subrogada no está regulada específicamente, se han presentado casos en los tribunales en los que se autorizaba de manera excepcional. El Código Civil y Comercial de 2015[5] establece que la filiación se determina por el parto, pero los jueces pueden interpretar la situación en casos concretos. Algunas investigaciones[6] alertan de situaciones de venta de bebés argentinos. Se dan circunstancias curiosas, como que algunas empresas especializadas en gestación subrogada recomienden no hacerla en Argentina, «por la total ausencia de legislación y por las investigaciones criminales en curso de varias agencias»[7], y que otros espacios dedicados a la maternidad subrogada sí lo recomienden, porque en este país lo puede hacer cualquier tipo de familia[8].

- *Bolivia.* Parece ser que en este país la maternidad subrogada no es legal y se desaconseja intentar realizar el proceso allí porque la maternidad viene dada por la gestación. Empresas dedicadas a la maternidad subrogada como Miraklos advierten de que en este país si la madre gestante se

---

[5] Código Civil y Comercial de la Nación, Argentina. Libro Segundo: Relaciones de familia, Título 5: Filiación, Infoleg, Ministerio de Justicia de la Nación [https://servicios.infoleg.gob.ar/infolegInternet/anexos/235000-239999/235975/texact.htm#15], consultado en diciembre de 2024.

[6] «Turismo reproductivo: investigan la venta de bebés argentinos a extranjeros por subrogación de vientres», *Infobae,* 2024 [https://www.infobae.com/judiciales/2024/10/04/turismo-reproductivo-investigan-la-venta-de-bebes-argentinos-a-extranjeros-por-subrogacion-de-vientres/], consultado en enero de 2025.

[7] Gestlife, «Países donde existe ley de gestación subrogada» [https://www.gestlifesurrogacy.com/paises-donde-hacer-una-gestacion-maternidad-subrogada/], consultado en enero de 2025.

[8] [https://blog.casadereposolossauces.cl/maternidad-subrogada-en-chile-es-posible-vientre-de-alquiler/], consultado en enero de 2025.

arrepiente, tiene el apoyo legal para quedarse con el bebé, ya que ha sido ella quien lo ha gestado[9].

- *Brasil.* La gestación subrogada está permitida bajo ciertas condiciones, como que se haga de manera altruista y que exista un vínculo familiar entre la gestante y uno de los padres de intención. Esto está regulado por normas del Consejo Federal de Medicina, no por una ley específica[10].
- *Chile.* No está regulada y no se permite de manera explícita. La legislación chilena establece que la madre legal es quien da a luz al bebé. Aun así, ha habido casos en los que se ha permitido registrar hijos nacidos por gestación subrogada[11]. Según palabras de Fabiola Lathrop, directora del Departamento de Derecho Privado de la Universidad de Chile, «los Tribunales de Familia han establecido que una persona pueda ser madre o pueda ser padre de un bebé que ha nacido por gestación por subrogación».
- *Colombia.* Aunque no existe una ley específica, la Corte Constitucional ha reconocido la práctica bajo estrictas condiciones altruistas. Sin embargo, persisten vacíos legales que dificultan su aplicación práctica. Según la sentencia T-968/09:

> En el ordenamiento jurídico colombiano no existe una prohibición expresa para la realización de este tipo de convenios o acuerdos. Sin embargo, respecto de las técnicas de reproducción asistida, dentro de las cuales se ubica la maternidad subrogada o sustituta, la doctrina ha considerado que están legitimadas jurídicamente, en virtud del artículo

[9] Miraklos, «Vientre de alquiler en Bolivia» [https://miraklos.com/vientre-de-alquiler-en-bolivia/].

[10] N. A. Callejas-Arreguin, «Maternidad subrogada en México y Brasil, un estudio jurídico comparado entre dos naciones latinoamericanas», *Revista de Bioética y Derecho* 59 (2023), pp. 165-179 [https://doi.org/10.1344/rbd2023. 59.42210], consultado en enero de 2025.

[11] «¿Qué dice la legislación chilena sobre la gestación por subrogación o "vientre de alquiler"?», 2023 [https://uchile.cl/noticias/204045/que-dice-la-le-gislacion-chilena-sobre-vientre-de-alquiler], consultado en enero de 2025.

42-6 constitucional, el cual prevé que «Los hijos habidos en el matrimonio o fuera de él, adoptados o procreados naturalmente o con asistencia científica, tienen iguales derechos y deberes». La doctrina ha llegado a considerar la maternidad sustituta o subrogada como un mecanismo positivo para resolver los problemas de infertilidad de las parejas, y ha puesto de manifiesto la necesidad urgente de regular la materia para evitar, por ejemplo, la mediación lucrativa entre las partes que llegan a un acuerdo o convenio de este tipo; la desprotección de los derechos e intereses del recién nacido; los actos de disposición del propio cuerpo contrarios a la ley; y los grandes conflictos que se originan cuando surgen desacuerdos entre las partes involucradas[12].

Clínicas o empresas colombianas como Celagem o Grandes Corazones facilitan la gestación subrogada y, además, son muchas las empresas extranjeras que publicitan la posibilidad de hacer una gestación subrogada en este país.
• *Costa Rica.* En el caso de Costa Rica, no existe ninguna norma jurídica que prohíba expresamente esta práctica. No obstante, pueden surgir diversos obstáculos al intentar otorgar los apellidos a un hijo gestado por una tercera persona. Un ejemplo de ello es el caso mencionado anteriormente, en el que el Registro Civil solo puede inscribir los nacimientos según ocurren en la realidad. Cualquier modificación en dichas inscripciones debe ser solicitada por los juzgados de familia, y la legislación que impide el reconocimiento de madres no gestantes solo puede ser modificada por la Sala Constitucional o la Asamblea Legislativa[13].
• *Cuba.* En mayo de 2023, el Gobierno de Cuba publicó un decreto que reconoce la licencia por maternidad y paterni-

---

[12] Sentencia T-968/09 [https://www.corteconstitucional.gov.co/relatoria/2009/T-968-09.htm], consultado en enero de 2025.
[13] «Gestación subrogada. ¿Qué nos falta?», *Delfino.cr,* 2021 [https://delfino.cr/2021/09/gestacion-subrogada-que-nos-falta], consultado en enero de 2025.

dad para quienes recurren a la gestación subrogada altruista, así como también para las madres gestantes. Además, el Estado se comprometió a garantizar beneficios para el cuidado del recién nacido en casos de «gestación solidaria», como establece el Código de las Familias aprobado en 2022[14], que «favorece el ejercicio del derecho de toda persona a tener una familia y se sustenta en el respeto a la dignidad humana como valor supremo», y solo lo contempla «por motivos altruistas y de solidaridad humana, entre personas unidas por vínculos familiares o afectivamente cercanos, siempre que no se ponga en peligro la salud de quienes intervienen en el proceder médico y sea en beneficio de quien o quienes quieren asumir la maternidad o la paternidad y se ven impedidos de hacerlo por alguna causa médica que les imposibilite la gestación, o cuando se trate de hombres solos o parejas de hombres»[15]. En el Código se expone claramente que «se prohíbe cualquier tipo de remuneración, dádiva u otro beneficio, salvo la obligación legal de dar alimentos en favor del concebido y la compensación de los gastos que se generen por el embarazo y el parto», que en todos los casos requiere autorización judicial. Este decreto no está libre de polémica, ya que algunas personas hablan de que el término *gestación solidaria* no deja de ser un eufemismo[16].

• *Ecuador.* En la actualidad existe un vacío legal en el país[17]. Algunos estudios apuestan por la regularización, ya que al

---

[14] Agencia EFE, «Cuba otorga derechos y beneficios a padres por gestación subrogada sin ánimo de lucro», *El Mundo,* 2023 [https://www.elmundo.es/internacional/2023/05/11/645c1a43e4d4d8fd0f8b45d9.html], consultado en febrero de 2025.

[15] Gaceta Oficial n.º 99 Ordinaria de 27 de septiembre de 2022, Asamblea Nacional del Poder Popular, Ley 156/2022, Código de las Familias (GOC-2022-919-O99) [https://www.parlamentocubano.gob.cu/sites/default/files/documento/2022-09/goc-2022-o99.pdf], consultado en febrero de 2025.

[16] M. Kohan, «Cuba cuela en la Ley de las Familias la explotación reproductiva de las mujeres con el eufemismo de "gestación solidaria"», *Público,* 2022 [https://www.publico.es/mujer/cuba-cuela-ley-familias-explotacion-reproductiva-mujeres-eufemismo-gestacion-solidaria.html], consultado en febrero de 2025.

[17] C. Sarango, «La maternidad subrogada en Ecuador: análisis jurídico de su regulación como contrato individual de trabajo», *Sur Academia. Revista Académica*

haber este vacío legal significativo en la regulación de la gestación subrogada, se genera incertidumbre y posibles abusos. En un estudio realizado en diciembre de 2024 se concluye que, debido al impacto de la esterilidad como problema de salud pública, es urgente una legislación que establezca un marco justo, ético y transparente, protegiendo los derechos de padres, madres subrogadas y el niño o niña por nacer[18]. El planteamiento que nos podemos hacer es: aunque se establezca un marco que pueda considerarse justo, ¿sería ético?

- *El Salvador*. Apenas existe información localizable sobre el estado de la gestación subrogada en El Salvador. Parece ser que no está ni regulada ni explícitamente prohibida. Es curioso que en el Consejo Nacional de la Primera Infancia, Niñez y Adolescencia del Gobierno de El Salvador no se mencione en ningún apartado absolutamente nada sobre gestación subrogada ni se encuentren artículos periodísticos que aborden el tema. Ni siquiera las empresas que se dedican a la gestación subrogada lo mencionan ni aparecen anuncios para facilitar este proceso a las familias o personas de El Salvador.

- *Guatemala*. No tiene una ley que regule la reproducción asistida ni la maternidad subrogada, práctica socialmente entendida como el uso del vientre de otra mujer para la gestación. Dada esta falta de normativa, se trata de una práctica que no está prohibida ni regulada en el país[19].

Investigativa de la Facultad Jurídica, Social y Administrativa 11(21) (2024) [https://revistas.unl.edu.ec/index.php/suracademia/article/view/2044], consultado en febrero de 2025.

[18] M. E. Infante, Y. S. López, D. X. Chamorro y D. Y. Sánchez, «Regulación jurídica de la gestación subrogada en Ecuador: propuestas y desafíos normativos», *Dilemas Contemporáneos. Educación, Política y Valores* (2024), Doi: 10.46377/dilemas.v12i.4504 [https://www.researchgate.net/publication/386318983_Regulacion_juridica_de_la_gestacion_subrogada_en_Ecuador_propuestas_y_desafios_normativos], consultado en febrero de 2025.

[19] Babygest «La gestación subrogada en Guatemala y su vacío legal» [https://babygest.com/es/guatemala/], consultado en febrero de 2025.

- *Haití.* Apenas hay información disponible sobre la gestación subrogada en Haití. Parece que no está regulada ni expresamente prohibida. La situación es parecida a la de El Salvador, pero en este caso sí se confirma que no hay legislación al respecto. Hay alguna página web de gestación subrogada y mucha publicidad dirigida a personas de Haití que la quieran practicar en otros países[20].
- *Honduras.* Existe poca información sobre la situación de la gestación subrogada en Honduras. Parece que no está regulada por ley y para valorar la situación del país se habla en algún estudio de que existe cierta clandestinidad en cuanto a su práctica[21].
- *México.* Hay diferencias entre estados. Por ejemplo, en Tabasco y Sinaloa estuvo permitida por un tiempo, pero las leyes fueron modificadas para restringir la práctica a residentes mexicanos y eliminar la opción para extranjeros. Otras regiones, como Ciudad de México, prohíben la gestación subrogada comercial.

Existen dos ordenamientos estatales que expresamente prohíben esta figura: 1) El Código Familiar de San Luis Potosí, que en su artículo 2432 declara inexistente la «maternidad sustituta», privándola de cualquier posible efecto, atribuyendo exclusivamente la maternidad a quien gestó al bebé. 2) El Código Civil de Querétaro, que, aunque reconoce el parentesco por consanguinidad de los hijos nacidos mediante técnicas de fecundación asistida (artículo 312), prohíbe expresamente la utilización de una tercera mujer para realizar el procedimiento (artículo 400), efectivamente, declarando ilegal la gestación por sustitución[22].

---

[20] Babygest, «Gestación subrogada en Haití» [https://babygest.com/es/foro/tema/gestacion-subrogada-en-haiti/], consultado en febrero de 2025.

[21] R. A. Reyes Majano, *La maternidad subrogada: un análisis jurídico en Honduras*, Universidad Tecnológica Centroamericana [https://repositorio.unitec.edu/items/dd86f0e1-d436-4d9d-8853-32540d3af575], consultado en febrero de 2025.

[22] F. Sosa Pastrana, «La gestación por subrogación en México», en N. Espejo-Yaksic *et al.* (eds.), *op. cit.*

- *Nicaragua.* Apenas existe documentación e información sobre el estado de la gestación en Nicaragua. Parece que no hay una normativa específica en el país que prohíba o reconozca la maternidad subrogada de manera legal[23].
- *Panamá.* Parece que hay una omisión legal sobre la gestación subrogada[24]. Desde el propio portal Babygest se dice que «es una práctica que se puede encontrar en Panamá a pesar de la ausencia de una ley en este país que regule la gestación subrogada, nombre oficial de esta técnica de reproducción asistida. Aunque son muchas las parejas que buscan una madre subrogada allí, se desaconseja dada la ausencia de regulación específica»[25].
- *Paraguay.* No es legal la gestación subrogada en Paraguay, por lo que las familias que quieren hacer una subrogación tienen que recurrir a otros países[26]. Y «se les otorga la paternidad a los padres biológicos que concibieron al bebé, incluso si fue por medio de un embarazo subrogado. Sin embargo, las normativas vigentes tienen vacíos legales en relación con contratos para embarazos subrogados»[27].
- *Perú.* La gestación por subrogación en Perú es una práctica sin regulación, lo que plantea desafíos éticos y legales, especialmente en la protección de los derechos de las mujeres gestantes, que pueden estar en situación de vulnerabilidad a causa de las profundas desigualdades económicas y

---

[23] C. L. Martínez López, *Análisis legal de la maternidad subrogada en Nicaragua en el año 2023*, Universidad de Ciencias Comerciales, Managua, 2023.

[24] G. H. Guevara Centella, «Gestación por sustitución y la necesidad de su regulación en Panamá», *Sapientia* 4 (2020) [https://revistasapientia.organojudicial.gob.pa/index.php/sapientia/article/download/100/70/152], consultado en febrero de 2025.

[25] Babygest, «Maternidad subrogada en Panamá: características frente a la adopción», 2019 [https://babygest.com/es/panama/], consultado en febrero de 2025.

[26] Miraklos, «Vientre de alquiler en Paraguay», 2019 [https://miraklos.com/vientre-de-alquiler-en-paraguay/], consultado en febrero de 2025.

[27] Vittoria Vita, «La maternidad subrogada en América Latina», 2020 [https://vittoriavita.com/spa/maternidad-subrogada-en-america-latina/], consultado en febrero de 2025.

sociales. Sin embargo, ha habido diversas resoluciones judiciales en situaciones de gestación por subrogación, de lo que podemos deducir que este tema se halla en una situación de irregularidad[28].

- *Puerto Rico.* Parece ser que la gestación subrogada se permite en Puerto Rico, donde no existe una legislación clara sobre este servicio[29]. A pesar de ello y de que en algún artículo se dice que la Ley 55/2020 permite claramente la gestación subrogada[30], leyéndola no he encontrado ninguno de los artículos que amparan legalmente tal práctica[31].
- *República Dominicana.* No existe en República Dominicana un marco legal que regule los contratos de gestación por subrogación y, además, cuando se intenta una subrogación en otro país pueden aparecer dificultades para poder registrar al bebé como propio[32].
- *Uruguay.* La gestación por subrogación está regulada en Uruguay por la Ley 19.167, de técnicas de reproducción humana asistida, y por su decreto reglamentario, Decreto 84/015. Dice así:

> Constituyen técnicas de reproducción humana asistida de alta complejidad con cobertura a cargo del Fondo Nacional de Recursos la inducción de la ovulación, la microinyección espermática (ICSI), la fecundación *in vitro,* la transferencia de embriones, la criopreservación de gametos y

---

[28] P. Siverino Bavio, «La gestación por subrogación en Perú», en N. Espejo-Yaksic *et al.* (eds.), *op. cit.*

[29] S. L. López, «Limitada la gestación subrogada en Puerto Rico», *El Vocero,* 2023 [https://www.elvocero.com/economia/otros/limitada-la-gestaci-n-subrogada-en-puerto-rico/article_a34cf7c4-e5fb-11ed-b7ac-33bb7783834a.html], consultado en febrero de 2025.

[30] K. Ardila, «Puerto Rico: un paso adelante en la legislación familiar con la gestación subrogada», 2024 [https://medicinaysaludpublica.com/noticias/ginecologia-obstetricia/puerto-rico-un-paso-adelante-en-la-legislacion-familiar-con-la-gestacion-subrogada/23601], consultado en febrero de 2025.

[31] Ley 55/2020 del Código Civil de Puerto Rico [https://faolex.fao.org/docs/pdf/pue205215.pdf], consultado en febrero de 2025.

[32] E. Vida, «La gestación subrogada», *El Nuevo Diario,* 2024 [https://elnuevodiario.com.do/la-gestacion-subrogada/], consultado en febrero de 2025.

embriones, la donación de gametos y embriones, y la gestación subrogada en caso de la situación excepcional de la mujer cuyo útero no pueda gestar su embarazo debido a enfermedades genéticas o adquiridas, quien podrá acordar con un familiar suyo de segundo grado de consanguinidad, o de su pareja en su caso, la implantación y gestación del embrión propio.

En definitiva, se puede hacer una gestación subrogada si la madre gestante es una familiar de segundo grado. Sigue diciendo la misma ley: «La aplicación de cualquier otra técnica no incluida en la enumeración detallada precedentemente, requerirá la autorización del Ministerio de Salud Pública, previo informe favorable de la Comisión Honoraria de Reproducción Humana Asistida, y ser aprobada mediante Decreto del Poder Ejecutivo»[33].

- *Venezuela*. En las mismas empresas de gestación subrogada explican:

La maternidad subrogada no está regulada por la legislación venezolana. De esta manera, las parejas que quieren tener hijos usando este método reproductivo no están protegidas por la ley. El alquiler de vientre en Venezuela es una tarea bastante ardua, pero no inalcanzable. Asimismo, una pareja homosexual puede recurrir a la maternidad subrogada, pero solo uno de los padres, donante del esperma, será inscrito como el padre legal del bebé[34].

Por tanto, en la actualidad no hay regulación en el país y existen dificultades para registrar a los bebés nacidos de una subrogación.

---

[33] Decreto 84/015 de la Reglamentación de la Ley 19.167, relativa a las técnicas de reproducción humana asistida [https://www.impo.com.uy/bases/decretos/84-2015], consultado en febrero de 2025.

[34] Vittoria Vita, «Alquiler de vientre en Venezuela», 2015 [https://vittoriavita.com/spa/alquiler-de-vientre-en-venezuela/], consultado en febrero de 2025.

¿En qué países del mundo es legal?

Como en todo el Estado español es ilegal, para poder hacer una gestación subrogada desde aquí hay que recurrir a países donde sí es legal. El presupuesto aproximado que se necesita para una gestación subrogada varía en función del país. A continuación enumero los más habituales y el precio promedio: entre 110.000 y 200.000 euros en algunos estados de Estados Unidos, entre 80.000 y 120.000 euros en Canadá –excepto la provincia de Quebec–, entre 60.000 y 80.000 euros en Rusia, entre 50.000 y 60.000 euros en Ucrania, entre 75.000 y 85.000 euros en Grecia, y entre 50.000 y 60.000 euros en Georgia. Además, también se puede recurrir a otros países como Albania, México, Colombia, Chipre, Israel o la República Checa.

Según las empresas que se dedican a este negocio, el importe de la subrogación varía en función de una serie de parámetros, entre los cuales mencionan: el tipo de tratamiento de reproducción asistida, el monto de la compensación para la gestante, la necesidad o voluntad de pruebas adicionales, si se quiere hacer un diagnóstico genético preimplantacional o no, si es necesaria una donación de óvulos o no, el número de intentos de fecundación *in vitro* que hagan falta, los gastos de gestión o legales en función del país de destino, los desplazamientos y entradas al país de destino, los gastos médicos del embarazo, y otras causas ajenas a la operación en sí, como pandemias, guerras u otros motivos de causa mayor.

La suma total de gasto, que oscila entre 50.000 y 180.000 euros, se desglosa como sigue:

- Fecundación *in vitro*: 5.000-60.000 euros.
- Pruebas adicionales: 3.000-15.000 euros.
- Agencia de gestación subrogada: 8.000-30.000 euros.
- Representantes legales del país de destino: 6.000-9.000 euros.
- Compensación a la madre gestante: 10.000-40.000 euros.
- Otros gastos (desplazamiento, imprevistos, abogados nacionales, seguros, cuenta de fideicomiso…): 10.000-30.000 euros.

El estatus legal de la gestación subrogada supone ciertas limitaciones en algunos países. Por ejemplo, se permite solo la gestación subrogada altruista –y no la comercial– en Dinamarca, algunos estados de Australia, Brasil, India (solo para parejas con problemas de fertilidad), Israel (solo para residentes), Sudáfrica (solo para residentes) y Tailandia. Otros países no tienen legislación positiva, pero tampoco negativa, de modo que dejan la regulación de la práctica en un vacío legal. Es el caso de Argentina, Chipre, Guatemala y Hungría.

Finalmente, hay países que regulan el acceso a la práctica en función de características sociodemográficas como la orientación sexual, la edad o el estado civil. Grecia, por ejemplo, permite contratar la subrogación a mujeres solteras con una edad no superior a los cincuenta y tres años y a parejas heterosexuales, estén o no casadas. Estados Unidos permite la gestación subrogada a personas solteras y parejas, sean o no casadas, siempre y cuando no tengan más de cincuenta y nueve años. En Georgia permiten la gestación subrogada a parejas heterosexuales, estén o no estén casadas, y en República Checa, aunque se desaconseja porque hay mafias metidas en el negocio, se permite la contratación de la subrogación a hombres solteros y a parejas gais y heterosexuales.

LOS RESQUICIOS DEL SISTEMA LEGAL ESPAÑOL

Aunque en España la gestación subrogada no es legal, puede que conozcamos o sepamos de alguien que ha tenido un bebé siguiendo este método. ¿Cómo lo ha hecho? Una de las inquietudes de los padres y/o madres contratantes es que se pueden encontrar con la negativa a registrar al bebé como hijo y como ciudadano del Estado español.

Hasta 2010, los padres contratantes se topaban con dificultades para conseguir la paternidad de la criatura. En octubre de 2010, la Dirección General de los Registros y del Notariado (DGRN) dictó una instrucción referente al régimen registral de la filiación de los nacidos mediante gestación subrogada. Actualmente existen dos soluciones posibles:

- *La filiación por sentencia judicial,* en la que se celebra un juicio de filiación para determinar la paternidad y la maternidad de las parejas contratantes. La resolución judicial obtenida, en la que constan las parejas contratantes, es reconocida directamente en España gracias a la instrucción de la DGRN mencionada. Así lo reconoce Babygest, un espacio de información que ayuda a padres que desean formar una familia y no pueden hacerlo solos:

> El único caso en el que el Estado español atribuye directamente la paternidad a los padres intencionales en casos de gestación subrogada llevados a cabo en un tercer país es cuando un juez establece la filiación mediante sentencia. Esta resolución judicial debe cumplir los requisitos o exigencias establecidas por la DGRN en la instrucción sobre el particular que publicó en 2010[35].

- *La filiación por adopción,* en la que la paternidad se adjudica al padre biológico (el donante de esperma) y posteriormente la madre o la pareja del padre biológico tiene que adoptar al hijo. Para poder hacerlo, la madre gestante tiene que renunciar legalmente a la maternidad de la criatura. Se trata de una opción de reconocimiento mucho más difícil que no siempre prospera. La misma web de Babygest informa de que «en el caso de países como Rusia, Ucrania o Georgia, la filiación puede establecerse para los padres de intención, pero en España no se reconocerá lo que establecen estos países. Así pues, a ojos de los tribunales españoles, la gestante será la madre legal y el padre legal será el padre de intención, siempre que sea el padre biológico»[36]. Dicho de otro modo, se suele presentar el caso como si el padre hubiese tenido una relación y descendencia con una

---

[35] Babygest, «Filiación y Registro Civil en casos de maternidad subrogada», 2017 [https://babygest.com/es/registro-civil-en-casos-de-maternidad-subrogada/], consultado en octubre de 2023.

[36] Babygest, «Qué es la gestación subrogada y qué tipos existen?», 2021 [https://babygest.com/es/gestacion-subrogada/], consultado en octubre de 2023.

mujer de otro país y esta hubiese renunciado a la maternidad para que la pareja oficial del hombre pudiese adoptar a la criatura. Pero, como hemos visto, esta opción no siempre es reconocida en el Estado español.

De todas maneras, se trata de información confusa, ya que en la bibliografía consultada unas veces se dice que la instrucción de la DGRN de 2010 permite efectuar el registro y otras que dificulta el proceso.

Hay casos que presentan más dificultad para conseguir la filiación por medio de las vías mencionadas. Entre los más destacables está la falta de resolución judicial del país donde se lleva a término el embarazo subrogado, la falta de figura masculina –como en el caso de madres solteras o parejas lesbianas– o cuando el padre contratante no coincide con el padre genético o el donante de espermatozoides.

Si fuese legal, ¿sería ético?

No hay una correlación directa entre legalidad, moralidad y política. Algunas prácticas pueden ser legales y no considerarse morales, o pueden encontrarse con un desacuerdo político pese a ser consideradas moralmente positivas por buena parte de la comunidad. En el caso de la gestación subrogada, existe una diversidad de posiciones políticas que defienden o rechazan la legislación favorable. En 2019, el partido político Ciudadanos presentó una proposición de ley reguladora del derecho a la gestación subrogada o por sustitución en nombre de la libertad[37]. El texto proclamaba:

> Los ciudadanos del nuevo milenio han enriquecido las formas de expresión de su libertad, fruto de la diversidad de las concepciones de la vida, la ideología, los objetivos y los intereses

---

[37] [https://www.congreso.es/public_oficiales/L13/CONG/BOCG/B/BOCG-13-B-46-1.PDF], consultado en octubre de 2023.

personales. Las instituciones deben servir de cauce adecuado a la riqueza de la libertad. Las leyes no pueden cerrar los ojos a esta reclamación. La familia participa de esta evolución de la libertad, del enriquecimiento de la personalidad y de la multiplicidad de las maneras de entender la vida personal y social.

¿Qué definición de libertad defienden? En este caso detectamos un discurso neoliberal sobre la libertad como elección personal entre las distintas posibilidades que ofrece el mercado. En seguida queda claro que apelan exclusivamente a la libertad de elección de las personas contratantes de la gestación subrogada y negligen la de las madres gestantes.

La propuesta de ley añadía que la gestación subrogada se haría «en condiciones de libertad, igualdad, dignidad y ausencia de lucro, expresión de la más intensa solidaridad entre personas libres e iguales». Esto indica que solo podría darse la gestación subrogada altruista, es decir, que solo cubriese los gastos médicos y otros derivados de la gestación, sin compensación económica para la gestante ni comisión para la empresa. Además de otras estrategias retóricas que ya nos son familiares porque las hemos analizado cuando hablábamos de la publicidad de las empresas de gestación subrogada (la generosidad, la solidaridad o el altruismo de la mujer gestante), encontramos también un concepto que hemos ido desmontando a lo largo del libro: el de *igualdad*.

El discurso neoliberal define la igualdad como igual posibilidad de elección, pero no todas las personas parten de las mismas condiciones materiales, por lo que su punto de partida en el momento de elegir no es de igualdad. La motivación para someterse a tal procedimiento es principalmente económica: el perfil de la madre gestante es socioeconómicamente bajo, de modo que su posición de partida es de fuerte necesidad económica. Aunque no podemos descartar algún caso esporádico, no son mujeres de clase media-alta con ahorros. El punto de partida de una madre gestante es distinto al de una pareja contratante: hay desigualdad y se perpetúa una relación de poder que afecta y condiciona la libertad e igualdad que se supone que hay entre las partes.

En el capítulo anterior ya he mencionado que la gestación subrogada recibe una lectura ética y, de paso, legal, diferente de la venta de órganos. Si bien los trasplantes de órganos pueden salvar vidas, su venta está prohibida. Lo que tenemos, más bien, es la donación gratuita. Podríamos argumentar que las personas eligen libremente donar sus órganos a cambio de dinero, según una lectura acorde al modelo neoliberal de la libre elección, siempre que los dos actores tomen una decisión libre y racional y ambos salgan ganando. Pero si hacemos una lectura ética que tenga en cuenta las posiciones desiguales de partida de los dos individuos, vemos rápidamente cómo hay una serie de factores externos que limitan o condicionan la decisión del potencial vendedor. Por eso prohibimos la venta de órganos, para proteger a las personas más vulnerables. Pues bien, esta misma lógica puede ser aplicada a la gestación subrogada. Los vientres de alquiler no salvan vidas, permiten que algunas personas, parejas y/o familias que los pueden pagar tengan a una criatura recién nacida. De acuerdo al perfil de las mujeres gestantes, resulta evidente que la operación se sustenta sobre una grave injusticia social.

¿Cuál es la posición de los principales partidos del Congreso de los Diputados?

- Partido Socialista Obrero Español (PSOE): la mayoría de militantes del PSOE están en contra de la gestación subrogada, aunque algunos de sus miembros son partidarios. En 2021, en el congreso del partido, se presenta una enmienda en la que sus impulsoras, contrarias a la gestación subrogada, sostienen que la legislación vigente es un «agujero» que «permite *de facto* la legalización de los menores nacidos por gestación subrogada fuera de nuestro país». Pese a que las Juventudes Socialistas se han declarado a favor de la maternidad subrogada, la posición oficial es contraria (como manifestaron en el programa electoral de las elecciones de 2019)[38]. En el programa electoral de las

---

[38] Programa electoral del PSOE, noviembre de 2019, p. 23 [https://www.psoe.es/media-content/2019/10/Ahora-progreso-programa-PSOE-10N-31102019.pdf], consultado en febrero de 2026.

elecciones del 12 de mayo de 2024 al Parlament de Cataluña, se declaran a favor de la abolición de los vientres de alquiler[39].

- Sumar: a pesar de que en su programa electoral hablan de garantizar los derechos sexuales y reproductivos, en ningún caso hablan ni de gestación subrogada ni vientres de alquiler ni gestación por sustitución[40].
- Partido Popular (PP): dentro del mismo partido hay posiciones a favor y posiciones en contra, y piden que en las posibles votaciones para legalizar la subrogación se dé libertad de voto a sus diputados. A raíz de los debates surgidos a partir del caso de Ana Obregón, «ahora no se oponen a legalizar la práctica de los vientres de alquiler bajo ciertas condiciones, pero aplazan el debate hasta después de las próximas elecciones generales». Una de estas condiciones es que no haya remuneración a la gestante. No obstante, a febrero de 2026 siguen sin haberse pronunciado con claridad[41], aunque Feijóo ha valorado la posibilidad de regularizarla y Javier Maroto se posicione como una de las voces del partido que están a favor[42].
- Esquerra Republicana de Catalunya (ERC): en sus últimos programas electorales no se menciona su posicionamiento sobre la gestación subrogada. Sin embargo, su rama juvenil, Jovent Republicà, en la Asamblea de Mujeres que celebró en enero de 2020, se posicionó abiertamente en contra, afirmando que «es una forma de mercantilización y esclavitud de los cuerpos de las mujeres». En 2023, a raíz del caso de Ana Obregón, Gabriel Rufián declaró: «Por duro que sea,

---

[39] [https://static1.ara.cat/ara/public/content/file/original/2024/0429/10/programapsc12m-pdf], consultado en mayo de 2024.

[40] Programa electoral de Sumar, julio de 2023, p.111 [https://movimientosumar.es/wp-content/uploads/2023/07/Un-Programa-para-ti.pdf], consultado en febrero de 2026.

[41] Í. Sáenz de Ugarte, «El PP ya no cree que la gestación subrogada sea "mercantilizar la maternidad"», *elDiario.es*, 2023 [https://www.eldiario.es/politica/gestacion-subrogada-partido-popular_129_10078617.html], consultado en mayo de 2024.

[42] Patricia Simón, «El *lobby* a favor de la gestación subrogada en España», *La Marea*, 2025 [https://www.lamarea.com/2025/10/27/lobby-gestacion-espana/], consultado en febrero de 2026.

ser madre o padre no es un derecho. No se debe mercantilizar al ser humano»[43].

- Junts per Catalunya: no tienen un posicionamiento oficial sobre la gestación subrogada y no se pronuncian en sus programas electorales.
- Podemos: se han posicionado claramente en contra, aduciendo que no pueden estar a favor de un acto que consideran que vulnera los derechos de las mujeres. Se refieren a la gestación subrogada como explotación reproductiva[44].
- Partido Nacionalista Vasco (PNV): su posición no está muy clara, ya que, por ejemplo, durante una votación que se hizo en el Parlamento de Euskadi en 2024 el PNV se posicionó en contra de dejar de equiparar la gestación subrogada a las adopciones ordinarias o a los nacimientos, pero ese mismo día tampoco votó a favor de la propuesta de Ciudadanos para regularizarla[45].
- Bildu: en este caso sí hay una posición oficial contraria a la gestación subrogada, pero mantienen el voto a favor de equipararla a las adopciones o nacimientos para proteger los derechos del menor. En 2024 votaron en contra de la propuesta que hizo Ciudadanos para regularizar esta práctica[46].
- Bloque Nacionalista Gallego (BNG): se ha posicionado oficialmente en contra de la gestación subrogada diciendo que constituye «una forma de explotación y mercantilización del cuerpo de las mujeres, especialmente de las más empo-

---

[43] «Rufián asegura que "si el 'no compres, adopta' vale para los animales, tiene que servir para las personas», *El Debate*, 2023 [https://www.eldebate.com/sociedad/20230330/rufian-asegura-no-compres-adopta-sirve-animales-tiene-servir-personas_104653.html], consultado en mayo de 2024.

[44] Programa electoral de Podemos, noviembre de 2019, p. 28 [https://podemos.info/wp-content/uploads/2019/10/Podemos_programa_generales_10N.pdf], consultado en febrero de 2026.

[45] «El Parlamento rechaza que Euskadi deje de equiparar la gestación subrogada en permisos de funcionarios y ayudas», *elDiario.es*, 8 de febrero de 2024 [https://www.eldiario.es/euskadi/parlamento-rechaza-euskadi-deje-equiparar-gestacion-subrogada-permisos-funcionarios-ayudas_1_10907713.html], consultado en febrero de 2026.

[46] *Ibid.*

brecidas y vulnerables», y además añade que la gestación subrogada considera «a las niñas y niños como mercancía»[47].

- Compromís: cuando todavía era vicepresidenta del gobierno valenciano, Mónica Oltra expresó que estaba a favor de la gestación subrogada si se hacía de manera altruista, no comercial[48]. En el programa electoral del partido en 2023 no mencionan la gestación subrogada ni los vientres de alquiler ni la explotación sexual[49].
- Coalición Canaria (CC): no hay un posicionamiento claro sobre la gestación subrogada. En su programa electoral no mencionan ninguna medida al respecto, ni de la explotación sexual ni de la mercantilización de la infancia[50].

También, aunque ahora no forme parte del Congreso de los Diputados, hay otro partido que se ha pronunciado:

- Ciudadanos: nítidamente posicionados a favor de legalizar la gestación subrogada, con la libertad individual como justificación y con la idea de que se debe hacer protegiendo los derechos de todas las personas implicadas, aunque no proponen ninguna medida ni herramienta que permitan garantizarlos realmente[51].

---

[47] «El BNG plantea formalmente a PP y PSOE un rechazo del Parlamento a los vientres de alquiler», *El Correo Gallego,* 9 de abril de 2023 [https://www.elcorreo-gallego.es/galicia/2023/04/09/bng-plantea-formalmente-pp-psoe-85795605.html], consultado en febrero de 2026.

[48] «Mónica Oltra (Compromís) a favor del vientre de alquiler público y altruista, pero eso no existe», *Religión en Libertad,* 13 de agosto de 2020 [https://www.religionenlibertad.com/polemicas/200813/vientre-de-alquiler-altruista-no-existe_62234.html], consultado en febrero de 2026.

[49] Programa electoral de Compromís, 2023 [https://28m.compromis.net/docs/LF_CAS_Final_ResumenProgramaElectoralCompromis.pdf], consultado en febrero de 2026.

[50] Programa electoral de Coalición Canaria, 2023 [https://coalicioncanaria.org/wp-content/uploads/cc-pdf/programas-electorales/00%20Programa%20Electoral%20Elecciones%20auton%C3%B3micas%20y%20municipales%202023.pdf], consultado en febrero de 2026.

[51] Ciudadanos, «Gestación subrogada: sensata, altruista y con garantías», 2023 [https://www.ciudadanos-cs.org/opinion/gestacion-subrogada-sensata-altruista-y-con-garantias/13321], consultado en mayo de 2024.

Y hay otros partidos que también hablan de la gestación subrogada. Son partidos de ultraderecha y fascistas a los que no dedicaré más atención, ya que defienden una opción que se conjuga con sus valores de promoción de la desigualdad y la segregación y que están en contra de los derechos humanos.

Aunque actualmente parece que hay consenso contra la legalización de la gestación subrogada entre los partidos políticos –con discursos de fondo profundamente divergentes–, sí que podemos avanzar una serie de propuestas éticas que el Observatorio de Bioética y Derecho de la Universidad de Barcelona elaboró si llegase a legalizarse.

En el *Documento sobre gestación por sustitución*[52], coordinado por María Casado y Mónica Navarro-Michel, se destaca que, en caso de regularse la gestación subrogada, deberá hacerse manteniendo el respeto por los derechos de las personas implicadas. Estas son algunas de las garantías que contemplan:

- Control judicial para garantizar la validez del consentimiento emitido por todas las partes implicadas y para asegurar que no haya fines lucrativos. Se debería velar por que la decisión fuese libre e informada.
- Gratuidad. La comercialización del cuerpo humano y de sus partes está prohibida, tal como establecen el Convenio Europeo de Derechos Humanos y Biomedicina de 1997 y la Carta de los Derechos Fundamentales de la Unión Europea del año 2000. Por tanto, si la gestación subrogada se regulase, se debería velar por que fuese una práctica verdaderamente altruista y no mediada por el lucro.
- Posibilidad de la mujer gestante de revocar el consentimiento. Para evitar que la mujer gestante sea tratada como un objeto, debería garantizarse que, pese a la mediación contractual, la madre gestante pueda cambiar de opinión en cualquier momento del proceso, incluso después del nacimiento.

---

[52] Casado y Navarro-Michel (coords.), *op. cit.*

El Observatorio de Bioética y Derecho considera que la gestación subrogada no debería ser legalizada en España y que no debería considerarse como un medio para obtener descendencia. Son muy similares las consideraciones que se han hecho desde el Parlamento Europeo y el Consejo de Europa, que advierten que aceptar el libre acceso a la gestación subrogada podría suponer la explotación de la mujer gestante y del bebé. Actualmente, disponemos de otros medios para poder tener hijos, como la reproducción asistida o la adopción. Es menester, eso sí, revisar los modelos de adopción para simplificarlos e incentivarlos siempre que sea en interés del menor.

Legalizar la gestación subrogada exigiría la protección de los derechos de la mujer gestante y del bebé. Esto implica, además de las garantías ya mencionadas, la exclusión de intermediarios con ánimo de lucro, la valoración estatal de la idoneidad de los padres comitentes, la prohibición de publicidad y un registro que garantice que el menor puede conocer su origen. Sin embargo, la legalización no es deseable, porque, como hemos visto hasta ahora, significaría considerar que los derechos de unas personas prevalecen sobre los de otras solo por su situación financiera –en el caso de la madre gestante– y su autodefinición –en el caso de los bebés–.

V

LA MAFIA DE LOS BEBÉS

> La gestación subrogada es algo relativamente nuevo, tenemos la oportunidad de actuar antes de que avance mucho más y se globalice. Yo pongo el foco en los intereses de quien desea tener descendencia siguiendo este procedimiento. Aquí el poder es de aquellas madres y padres subrogantes, y de las entidades intermediarias, agencias de subrogación, clínicas, abogados, a quienes la gestación subrogada beneficia realmente.
>
> Lola Robles, activista feminista, pacifista y *queer*

Cuando pensamos en el término *mafia,* nos viene a la cabeza la imagen de un señor con vestido de caballero y sombrero que usa a sus esbirros para extorsionar, sobornar, intimidar o usar la violencia con el fin de controlar una actividad económica o política en beneficio propio. En general, usamos la palabra para referirnos a un grupo que tiene mucho poder en su ámbito y que opera mediante prácticas ilegales o inmorales para lucrarse en detrimento de otros.

Este capítulo pretende explorar dos facetas de la gestación subrogada que pueden incluirse en estas definiciones. Por un lado, analizaremos las organizaciones criminales que actúan como intermediarias en diferentes países y que vulneran derechos humanos por medio de la explotación de las mujeres y el comercio de criaturas. Por otro, nos preguntaremos hasta qué punto las propias empresas de gestación subrogada funcionan bajo parámetros similares, aprovechando vacíos legales, saltándose las prohibiciones y beneficiándose de la situación de vulnerabilidad de otras personas.

Algunas empresas de gestación subrogada advierten en sus páginas web de otras que estafan y engañan a los clientes que quieren contratar una gestación subrogada. Además, enumeran algunas recomendaciones para evitar caer en sus manos[1]:

- A la hora de escoger un centro de gestación subrogada, hay que estudiar las empresas y decantarse por aquellas que hace años que operan en este mercado «y no se han visto envueltas en escándalos de perfil alto». (La empresa no explica qué significa «un escándalo de perfil alto», pero da por hecho que los escándalos de perfil bajo y medio sí que se pueden tolerar).
- Leer las reseñas de los clientes de la empresa en Google. (Aunque Google puede que tenga reseñas pagadas, en principio es una fuente fiable. Al fin y al cabo, no estamos hablando de la típica publicidad engañosa a la hora de escoger un restaurante para ir a cenar, sino de una gestación subrogada).
- Revisar detalladamente la página web del centro de gestación subrogada. Asegurarse de que contenga información de contacto, como una dirección, números de teléfono o enlaces a redes sociales. (Es una medida preventiva, aunque la existencia de datos de contacto reales no asegura que se eviten los engaños, sí que se pueda reclamar legalmente en caso de que surjan problemas).
- Navegar por las redes sociales del centro de gestación subrogada y valorar si las imágenes y vídeos que cuelgan son reales. (Hablaremos de ello más adelante, pero una imagen o vídeo no puede indicarnos que algo sea real, ya que está pensado con finalidad comercial).

---

[1] Vittoria Vita, «Cómo no ser víctima de estafas mientras busca una madre sustituta», 2021 [https://vittoriavita.com/spa/como-evitar-el-fraude-en-la-gestacion-subrogada/], consultado en octubre de 2023.

- Firmar un contrato en papel, ya que los acuerdos verbales no valen. (De nuevo, si bien es crucial dejar constancia escrita del acuerdo al que se llega, el contrato no es garantía para evitar estafas, solo una prueba en caso de tener que ir a juicio).
- Evitar el contacto directo con madres gestantes que se ofrecen por cuenta propia. Recomiendan que «bajo ninguna circunstancia se llame a las madres sustitutas en anuncios privados. Es muy probable el engaño».
- No confiar en programas de gestación subrogada con un coste muy bajo.

Evidentemente, estas recomendaciones y los mensajes que instan a estar siempre alerta y a ir con cuidado van dirigidos exclusivamente a las personas que buscan el servicio, a los padres contratantes. Las posibles alertas que deberían recibir las madres gestantes para evitar caer en manos de mafias o las estafas de terceros quedan fuera de los intereses de estas empresas.

Entre los casos de estafas y mafias que operan fuera de España, reseñamos el aviso que la embajada española en Ucrania hizo en 2017[2] sobre estafas y engaños de empresas privadas de este país. En 2019 la Fiscalía española puso el foco en Ucrania, donde, pese a que la gestación subrogada es legal, se habían tenido que investigar presuntos delitos tipificados en el Código Penal ucraniano como tráfico de personas, falsedad documental, transferencia ilegal de personas a través de frontera estatal y evasión fiscal. A raíz de la guerra con Rusia, se ha detectado un incremento de mafias y, por tanto, también de las consiguientes vulneraciones de los derechos humanos en lo que se refiere al negocio de los bebés. Es decir, la legalidad de la práctica no evita procedimientos ilegales. En España, las agencias operan a escondidas y se publicitan diciendo que son padres que se han

---

[2] Agencia EFE, «España desaconseja ir a Ucrania en busca de "vientres de alquiler"», *La Voz de Galicia,* 2017 [https://www.google.com/url?q=https://www.lavozdegalicia.es/noticia/sociedad/2017/12/19/espana-desaconseja-ir-ucrania-busca-vientres-alquiler/0003151370086221911 0692.htm&sa=D&source=docs&ut=1713528666960848&usg=AOvVaw1AAxfwnVwBLRHZb-48huC-Z].

servido de los vientres de alquiler y ofrecen información a otros padres que desean hacerlo. Lo explica Nuria Coronado Sopeña, que recibe tantos ataques en redes sociales desde *lobbies* provientres que ha tenido que eliminar sus cuentas varias veces[3].

Otro caso de manipulación informativa y estafa es el de Canadá, que se vende como una «buena opción», ya que la gestación subrogada que se ofrece en este país es de tipo altruista. Pero investigaciones recientes[4] han demostrado que, mientras que las madres gestantes no reciben ninguna compensación demostrable, las empresas y clínicas intermediarias sí que cobran por los servicios.

La situación no es mucho mejor en países como Estados Unidos, donde hasta las series de televisión prevén el trasfondo de las granjas de madres en situación no regularizada y en espacios no acondicionados, con mujeres que tienen como única alternativa de supervivencia firmar estos contratos y alquilar sus cuerpos. En Estados Unidos, los padres contratantes tienen la posibilidad de deshacerse de los bebés sin ninguna dificultad a través de internet[5]. Una investigación de Reuters apunta que, en el caso de las adopciones, algunos de los niños que son rechazados, tanto por la madre gestante como por las familias contratantes –no pueden legalizar su situación en el país de residencia, tienen alguna discapacidad…–, acaban en el mercado de tráfico de órganos, ya que esta práctica, llamada *private rehoming*, no tiene ningún tipo de regulación. Una vez hecha la transacción, no existe ningún sistema de supervisión para los niños, que muchas veces son enviados a miles de kilómetros de su lugar de nacimiento. El reportaje de Reuters reveló la existencia de un grupo

---

[3] N. Coronado, «"Los vientres de alquiler nada tienen que ver con la libertad o el altruismo, sino con la pobreza y la marginación"», *Público,* 2019 [https://www.publico.es/sociedad/entrevista-gemma-bravo-vientres-alquiler-ver-libertad-altruismo-pobreza-marginacion.html], consultado en mayo de 2024.

[4] L. Luque, «Maternidad subrogada en Canadá: no tan altruista», *Aceprensa,* 2018 [https://www.aceprensa.com/ciencia/maternidad-subrogada-en-canada-no-tan-altruista], consultado en abril de 2024.

[5] S. Federici, «¿Regalar vida o negar la maternidad? La gestación subrogada», *Ctxt,* 2022 [https://ctxt.es/es/20221001/Firmas/41071/gestacion-subrogada-silvia-federici-ir-mas-alla-de-la-piel.htm], consultado en mayo de 2024.

en el portal Yahoo donde, de media, una vez a la semana se publicaba un anuncio para realojar a un niño. Para hacer la transferencia de la tutela solo se necesitaba un poder de representación y rellenar un formulario descargable desde el mismo portal. Según cálculos del gobierno estadounidense, más de 20.000 niños han sido abandonados desde 1990[6].

Pero los escándalos de cláusulas abusivas, vulneraciones de derechos de las madres gestantes y los niños, incumplimientos de contratos y engaños a las familias contratantes también se dan en el Estado español. En 2016, la empresa madrileña Subrogalia fue denunciada por estafar económicamente a las familias contratantes y por hacer publicidad sanitaria no permitida[7]. En Barcelona, poco antes de 2016, el Departamento de Salud de la Generalitat de Cataluña abrió expediente sancionador a la clínica Tres Torres por actividades sanitarias en el ámbito de la reproducción humana asistida sin autorización administrativa. Los embriones que había en la clínica se implantaban en madres de alquiler. En enero de 2016 se requirió su cese de actividad porque no disponía de documentación reglamentaria de apertura e inicio de actividad. Después de múltiples requerimientos, en mayo de 2016 rescindieron el contrato de alquiler del inmueble donde estaba afincada la clínica[8].

Pese a que, como hemos visto en el capítulo anterior, la gestación subrogada es ilegal en España, según las periodistas Elena Herrero e Irene Castro de *elDiario.es*, el Registro Mercantil recoge la existencia de más de una decena de empresas dedica-

---

[6] M. Twohey, «Americans use the internet to abandon children adopted from overseas», Reuters, 2013 [https://www.reuters.com/investigates/adoption/#article/part1], consultado en mayo de 2024.

[7] Agencia EFE, «Cuatro parejas demandan a una empresa por engañarlas tras contratar vientres de alquiler» *20minutos,* 2016 [https://www.20minutos.es/noticia/2769917/0/demanda-empresa-engano-contrato-vientres-alquiler-gestacion-subrogada/], consultado en octubre de 2023.

[8] Corporació Catalana de Mitjans Audiovisuals, «La Clínica Iegra Tres Torres va fer 122 intervencions i 37 fecundacions "in vitro" sense l'autorització de Salut», 2016 [https://www.ccma.cat/324/la-clinica-iegra-tres-torres-va-fer-122-intervencions-i-37-fecundacions-in-vitro-sense-lautoritzacio-de-salut/noticia/2733685/], consultado en octubre de 2023.

das a esta actividad[9]. La mayoría fueron creadas a partir de 2023 y operan bajo epígrafes tan diversos como «actividades jurídicas», «agencias de publicidad» o «programas informáticos y programación web». Son maneras de eludir los controles y trámites que exige la administración estatal, lo cual demostraría que se dedican a una actividad ilegal en España. Además, según la periodista Nuria Coronado Sopeña, las principales empresas que se dedican a la gestación subrogada en España podrían estar incurriendo en fraude fiscal.

LA PROMOCIÓN DE LA GESTACIÓN SUBROGADA

Hasta ahora hemos visto casos que podemos reconocer como prácticas fuera de la ley tanto en el extranjero como en nuestro país, pero hay un segundo punto que hay que tener en cuenta. En España, la gestación subrogada no solo es ilegal, sino que además está prohibido publicitarla. El artículo 3 de la Ley 34/1988, del 11 de noviembre, general de publicidad[10] dice que es ilícita toda aquella que «atente contra la dignidad de la persona o vulnere los valores y derechos reconocidos en la Constitución, especialmente en lo que se refiere a la infancia, la juventud y la mujer», que sea engañosa, desleal, subliminal o que infrinja la normativa que regula la publicidad de determinados productos, bienes y servicios. La ley en sí no habla explícitamente sobre la gestación subrogada, porque es una ley general, pero se entiende como algo implícito. Sin embargo, las empresas y clínicas no tienen ningún problema en anunciarse y prometer que ayudarán a cumplir el sueño de tener un hijo mediante subrogación.

---

[9] E. Herrera e I. Castro, «La impunidad de las empresas que alquilan vientres: sin información sobre sus ingresos y sin persecución judicial», *elDiario.es,* 2022 [https://www.eldiario.es/sociedad/impunidad-empresas-alquilan-vientres-informacion-ingresos-persecucion-judicial_130_8725816.html], consultado en octubre de 2023.

[10] BOE, Ley 34/1988, del 11 de noviembre, general de publicidad [https://www.boe.es/eli/es/l/1988/11/11/34], consultado en octubre de 2023.

Las empresas que recomiendan precaución a sus potenciales clientes para que no caigan en manos de estafas y mafias son las mismas que operan –por falta de regulación sancionadora– con tergiversaciones y evasiones legales para promocionarse. Se inscriben bajo epígrafes de actividad económica que no corresponden a su práctica profesional para poder llevar a cabo la gestación subrogada. Algunas clínicas que incluso se anuncian abiertamente como intermediarias en procesos de gestación subrogada han sido acusadas de estafa, engaño y publicidad ilegal.

Incluso se han celebrado ferias dedicadas a la gestación subrogada, como la Surrofair, en Madrid en 2017, anunciada en medios como el acontecimiento más grande de promoción de la subrogación. Este caso fue investigado y publicado por *El Español*[11]. Desde el Observatorio contra la Violencia de Género –y desde muchos colectivos feministas– se denunció la celebración de esta feria. En la entrada del recinto se explicitaba la prohibición de hacer fotos y vídeos. El objetivo era que no se hiciese público lo que te encontrabas dentro: catálogos de donantes, elección del sexo biológico de la criatura, etcétera.

En el reportaje de *El Español*, el periodista David López Frías cuenta que los comerciales de las distintas empresas que formaban parte de la feria intentaban captar su atención y explicarle su método «como si nos quisiesen vender un coche o un piso». Una empresa de Estados Unidos, por ejemplo, le explicó que era la más cara, pero que no tenía competidores que ofreciesen tanta seguridad y calidad. Encargar una criatura a esta empresa cuesta 150.000 euros, sin contar el gasto de los tres o cuatro viajes a Estados Unidos para donar el esperma, conocer a la madre gestante y recoger al bebé. Además, disponían de un catálogo con todas las posibles donantes de óvulos para escoger los rasgos físicos. En el caso de las madres gestantes, no había catálogo por cuestiones de confidencialidad, pero sí la obligatoriedad de conocerla durante el segundo viaje al país. Y, por si

---

[11] D. López, «Así fue la feria de los vientres de alquiler en Madrid», *El Español*, 2016 [https://www.elespanol.com/reportajes/20160514/124737678_0.html], consultado en abril de 2024.

fuera poco, también proporcionaba una lista de los estados de Estados Unidos que tenían blindada la garantía de que, en caso de arrepentimiento de la madre gestante, el bebé pertenecía a la familia contratante. Una muestra más de que los contratos están pensados a favor de las familias contratantes y de que las madres gestantes renuncian a sus derechos a cambio de dinero por la situación en que se encuentran.

Una de las conclusiones del periodista David López Frías después de darse una vuelta por los puestos de la feria es que hay mucha competitividad y que los comerciales «queman todos sus cartuchos para conseguir cerrar la venta (o alquiler) de sus vientres». Desde la organización de la feria explican que hacen un cierto filtro y que no permiten la participación de las empresas que trabajan con países «menos desarrollados» donde haya explotación de madres gestantes. Pero la aproximación mercantilista de la feria, que expone la gestación subrogada como la compra de un producto –un ser humano–, evidencia que su concepto de explotación está basado en una lógica neoliberal y capitalista.

Curiosamente, las páginas web de la feria Surrofair han dejado de existir; tan solo queda un reducto en Facebook donde no hay más que tres imágenes. No se ha colgado nada desde 2015, o quizá ha sido eliminado todo. Ahora bien, cuando en la página de Facebook clicas un enlace para ir a la de Surrofair, se te deriva a otra empresa, Babygest, que se anuncia como medio informativo sobre gestación subrogada y fue la organizadora de la feria.

La feria, que se celebró en un hotel, recibió críticas por parte de movimientos contrarios a la gestación subrogada. Se hicieron concentraciones y manifestaciones con pancartas contra la compra de bebés, contra los vientres de alquiler y contra la explotación de los cuerpos de las mujeres.

¿DÓNDE NOS SITUAMOS?

Antes de continuar el análisis del negocio de los bebés, me gustaría exponer una serie de cuestiones que deberíamos considerar tanto en el debate público como a título individual:

- ¿Es posible que la explotación de las mujeres solo se produzca en países «menos desarrollados», como decían desde Surrofair? ¿Podemos afirmar que en países «desarrollados» como Estados Unidos no hay explotación? ¿Puede existir un proceso de subrogación con intercambio económico y sin explotación?
- Más allá de la explotación de la madre gestante, ¿no es moralmente controvertido que las empresas se aprovechen y engañen a las personas contratantes con problemas de fertilidad y un fuerte deseo de tener descendencia?
- Por lo que se refiere a la criatura, ¿podemos hablar de la gestación subrogada como de compra de bebés? ¿Es ético que una criatura salga de un vientre y la demos a otra persona a cambio de dinero? ¿Lo tiene que poder comprar todo el dinero? El filósofo y profesor de Harvard Michael J. Sandel habla de cómo se pervierte el sentido de la donación de sangre, de órganos y otras necesidades cuando el dinero entra en juego. Y hace la misma reflexión para la gestación subrogada[12].
- ¿Es ético tener un catálogo de posibles donantes de óvulos con sus características físicas y sociodemográficas para que las familias contratantes elijan a la carta?
- ¿Es ético que, para minimizar el vínculo entre la madre gestante y el bebé, se la obligue a pasar por una cesárea en lugar de por un parto vaginal natural?
- ¿Tenemos presente el impacto que puede suponer para la criatura ser fruto de una gestación subrogada? Más adelante plantearemos el impacto psicológico que puede suponer a esta criatura la desaparición de la persona que la ha gestado, de la voz que conoce y del contacto que ha existido.

Solemos imaginar a la mafia al margen de la ley, operando en la oscuridad. En el caso de la gestación subrogada existen redes criminales que se dedican al tráfico y la explotación de personas

---

[12] Michael J. Sandel, *Lo que el dinero no puede comprar. Los límites morales del mercado*, Madrid, Debate, 2013.

para la venta de bebés; pero hay otro tipo de mafia que opera a plena luz del día, que busca los vacíos y los resquicios legales –es decir, saltarse la ley– para hacer lo mismo.

VI

¿TURISMO O ÉXODO REPRODUCTIVO?

> Uno de los puntos que se debe tener en cuenta por lo que se refiere al precio es el lugar. Hay empresas que aprovechan vacíos legales para ofrecer procesos de gestación subrogada más económicos, pero sin garantías legales reales [...]. No cuesta lo mismo en Estados Unidos que en Europa. Incluso entran temas tan importantes como la manera en que se trata a la gestante.
>
> Responsable de una web de gestación subrogada

Cuando hablamos de gestación subrogada, a menudo se vincula el concepto con el turismo reproductivo. Como la práctica no es legal en nuestro país, hay que hacerla en el extranjero. Esta deslocalización, junto con el hecho de la comercialización del cuerpo de mujeres y bebés, así como toda la publicidad que la rodea –pese a estar prohibida–, hace que muchos sectores empleen el concepto de turismo reproductivo.

La deslocalización de la gestación subrogada

La ilegalidad de la gestación subrogada en muchos países ha conllevado la aparición de empresas que ofrecen el cumplimiento del «sueño de tener a una criatura» en otros países donde sí que es legal. La deslocalización de las gestaciones subrogadas hacia estos países hizo que algunos Estados añadiesen medidas y acotasen los criterios para poder acceder a la práctica y tratar de evitar la explotación reproductiva y económica de las madres gestantes autóctonas y de los bebés. Algunas de estas medidas y acotaciones son permitir solo la gestación subrogada altruista, pedir que los solicitantes tengan problemas de fertilidad demostrados o aceptar únicamente solicitantes que sean residentes del país donde se llevará a cabo la gestación subrogada. Se ha dado un aumento de solicitudes de gestación subrogada desde varios países donde este procedimiento es ilegal, pero me centraré en el caso paradigmático de India porque es el que ha visto un crecimiento más exponencial.

A partir de 2012, la deslocalización de la gestación subrogada hacia India creció hasta el punto de ser conocida como la «capital de la gestación subrogada». Entre los motivos de este crecimiento de la demanda está el bajo precio de la práctica y el fácil acceso al reconocimiento de los padres contratantes como padres legales del bebé. A raíz de la situación de abusos perpetrados por la gran desigualdad económica de las madres gestantes –hasta el punto de convertirse en una necesidad para sobrevivir–, las denuncias de la prensa forzaron al gobierno indio a limitar las condiciones de acceso a la práctica en 2015. Se estima que hasta entonces se había comerciado con unos 25.000 bebés[1], procedentes de las tres mil clínicas existentes en el país, culminación de una industria reproductiva que convierte los cuerpos de las mujeres en máquinas creadoras de bebés[2]. Actualmente, los requisitos que hay que cumplir y que tratan de evitar la comercialización exterior son[3]:

- Ser residente en India.
- Ser una pareja heterosexual.
- Estar casados por lo menos desde hace cinco años.
- La madre gestante tiene que hacerlo de modo altruista y tiene que existir un parentesco cercano entre contratantes y contratada. Hay informaciones confusas en este punto, ya que también se pide que la madre gestante, una vez ha

---

[1] N. Armanian, «16 claves sobre "madres alquiladas en las granjas de los fetos vendidos"», *Público*, 2018 [https://blogs.publico.es/puntoyseguido/5194/16-notas-sobre-madres-alquiladas-en-las-granjas-de-los-fetos-vendidos/?doing_wp_cron=1713773017.1985940933227539062500], consultado en abril de 2024.

[2] S. Federici, *Ir más allá de la piel. Repensar, rehacer y reivindicar el cuerpo en el capitalismo contemporáneo*, Madrid, Traficantes de Sueños, 2022.

[3] Babygest [https://babygest.com/es/india/], consultado en octubre de 2023.

nacido el bebé, deje de tener contacto con la pareja contratante, lo cual es complicado si existe esa relación de parentesco.

Por lo que se refiere a las condiciones que tiene que cumplir la madre gestante, debe ser menor de treinta y cinco años, tener hijos propios y no interrumpir el embarazo de forma voluntaria, excepto en casos específicos de riesgo para el bebé, la madre o ambos. Estas condiciones forman parte del contrato que firma la madre gestante y que se tienen que cumplir. No obstante, no se mencionan otros escenarios posibles, como el cambio de opinión de la madre gestante o un embarazo múltiple en que los padres contratantes solo quieran uno de los bebés.

MERCANCÍAS CON VALOR AÑADIDO

El debate sobre la gestación subrogada es complejo y exige muchos matices. Una de las cuestiones fundamentales que debemos encarar es el papel del mercado, el neoliberalismo y el neocolonialismo en esta práctica.

Tal como explica Anna Morero[4]:

Se puede establecer una relación entre la recesión del bienestar, la competitividad creciente del mercado laboral y la obligación de las mujeres de inventar nuevos nichos productivos en la economía. En estas condiciones, las mujeres acostumbran a mantenerse a ellas mismas y a su descendencia mediante la conversión de las capacidades maternales y sexuales, que históricamente se han asociado a las mujeres, en activos negociables que pueden ser intercambiados por dinero. Esto incluye los trabajos de cuidados o el trabajo sexual, pero también la venta de óvulos y la gestación subrogada.

---

[4] A. M. Morero, «Gestació subrogada i feminismes», *Idees. Revista de Temes Contemporanis* (2020), Barcelona, Generalitat de Catalunya.

De acuerdo con la lógica neoliberal, y dada la capacidad reproductiva de las mujeres y las personas con capacidad de gestar, su cuerpo es visto como una mercancía con valor añadido, un valor biológico, que tiene el potencial de estar disponible, ser transferible y sujeto a la comercialización en el marco de un mercado lucrativo.

Andrea Domínguez, asesora jurídica, apunta en un artículo en la revista *Pikara* que las estrategias basadas en el altruismo y la compasión operan bajo convicciones racistas, clasistas y machistas que representan un neocolonialismo reproductivo: se crea una subclase de mujer a partir de la deslocalización de la reproducción y la colonización de los cuerpos de las mujeres de los países empobrecidos[5]. Para Angela Davis, la gestación subrogada es la sucesora de las prácticas reproductivas impuestas en las plantaciones esclavistas de Estados Unidos. En ambos casos, las mujeres pobres son empujadas a renunciar a sus hijos en beneficio de los ricos[6]. Silvia Federici añade lo siguiente[7]:

> Como ocurre con el trabajo doméstico, en el caso de la gestación subrogada podemos ver cómo nace una nueva división sexual del trabajo en la que la procreación –reducida a un proceso puramente mecánico y despojada de todo componente afectivo– se externaliza en las mujeres de regiones del mundo antes colonizadas.

El neoliberalismo presupone que el mercado es un lugar neutro donde las personas, haciendo uso de su libertad personal y de su capacidad racional, hacen intercambios que benefician a

---

[5] A. Domínguez, «Gestación subrogada: ¿existen límites morales en los que el mercado no interceda?», *Pikara Magazine* (2019) [https://www.pikaramagazine.com/2019/05/gestacion-subrogada-existen-limites-morales-en-los-que-el-mercado-no-interceda/], consultado en octubre de 2023.

[6] A. Davis, «Surrogates and outcast mothers: racism and reproductive policies in the nineties», en J. James (ed.), *The Angela Y. Davis Reader*, Malden, Blackwell, 1998.

[7] S. Federici, *Ir más allá de la piel,* cit.

todas las partes. Si le incorporamos un análisis crítico, tenemos que reconocer que hay factores que condicionan los puntos de partida divergentes de cada uno y que lo que en principio puede parecer una decisión libre, se ve condicionada por factores estructurales como las desigualdades socioeconómicas. En el artículo antes mencionado, Domínguez considera que «cuando en una sociedad de mercado existe una desigualdad estructural de base, por mucho que se apele al consentimiento, todo consentimiento no será libre si de base existen desigualdades estructurales»[8].

La comercialización del cuerpo de las mujeres aprovecha su situación de vulnerabilidad económica, social, psicológica o legal. En el capítulo III hemos aportado algunos datos de estudios que demuestran que el perfil paradigmático de madre gestante es aquel con motivaciones basadas en la desesperación provocada por la necesidad económica. Son pocos los casos de mujeres de clase acomodada que se ofrezcan como madre gestante. Por tanto, si queremos hacer un análisis completo del juego del mercado en la gestación subrogada, no podemos obviar las injusticias provocadas por esta desigualdad de base que afecta a las clases sociales más desfavorecidas o a países enteros con un volumen de población depauperada muy importante. Es lo que pasaba en el caso de la venta de órganos o el de las personas que actúan como «mulas» y que transportan sustancias ilegales dentro del cuerpo a cambio de dinero.

PAQUETES *PREMIUM* O *LOW COST*

Tratada como un servicio más, la gestación subrogada ofrece un catálogo de posibilidades para elegir en el marco del mercado. Independientemente del estado emocional y de las razones que llevan a las familias contratantes a hacer uso de estos servicios, el mercado les brinda distintas opciones de programas de gestación subrogada y tipos de empresas en función de su poder

---

[8] Domínguez, *op. cit.*

adquisitivo. Hay empresas de alta gama, también llamadas *premium,* y empresas más económicas, también llamadas de *low cost.* El uso de estos conceptos evidencia el cariz capitalista de la práctica de la gestación subrogada, que trata al bebé como un producto que puede ser de una gama u otra en función del dinero que se destine.

Por lo que se refiere a las empresas de *low cost,* suelen trabajar en Ucrania. Veamos un ejemplo del lenguaje que emplean[9]:

> La mayoría de nuestros programas con donante de óvulos (lo que representa más del 80% de nuestros procesos) son a precio cerrado, sin sorpresas imprevisibles en nuestros programas ESTÁNDAR PLUS Y *PREMIUM.* De este modo, si por desgracia hay que hacer múltiples FIVS o múltiples transferencias, tú no has de pagar más. La clínica corre con estos gastos. Esta modalidad ha sido muy criticada, especialmente por las agencias que ofrecen solo programas en Estados Unidos, donde carecen de paquetes ilimitados y te cobran hasta por respirar. Nuestro objetivo es que sepas en todo momento en qué compromiso económico estás metido y que no tengas sorpresas desagradables, de las que nadie te avisó que podían suceder.

La diferencia de precio (25.000 euros) entre un paquete estándar (39.900 euros) y uno *premium* (64.900 euros) la justifican con una serie de extras:

- Elección del sexo de la criatura.
- Acceso a más horas de servicio de canguro que en el paquete estándar.
- Cobertura de las necesidades personales en el país de recogida del bebé, además de las necesidades de transporte.
- Servicio de criada.

---

9 Gestlife [https://www.gestlifesurrogacy.com/garantias-en-gestacion-subrogada-o-maternidad-subrogada.php], consultado en octubre de 2023.

- Estancia de tres meses en el país de recogida después del nacimiento (el paquete estándar solamente cubre dos meses).
- Cesta para el bebé con todo tipo de cosas necesarias para cuidarlo.
- Disminución del tiempo de espera para iniciar la gestación subrogada. El paquete *premium* tiene una espera de cuatro meses, mientras que el paquete estándar tiene una espera de un año.

Eso sí, en ambos casos te permiten hacer un pago fraccionado en seis plazos.

En otra empresa consultada, los precios oscilan entre los 40.000 y los 54.000 euros en función del programa escogido: Cuidado, Victoria, Éxito o Garantía[10]. La dinámica es la misma: el incremento del precio depende de la inclusión de servicios adicionales, como el diagnóstico genético preimplantacional para detectar mutaciones genéticas, la fecundación *in vitro* o transferencia embrionaria, la donación de óvulos, la cesárea, los posibles embarazos ectópicos[11], el alojamiento, etcétera. Además, la empresa detalla el precio de cada posible gasto extra que no se incluye en los programas y que, en caso de ser utilizado, se suma al importe final.

En el caso de las empresas *premium,* los importes son mucho más elevados y suelen trabajar en Estados Unidos. Según estas empresas, la diferencia de precio tiene que ver con el país donde se realiza la práctica, los servicios que incluye el programa y el tipo de trato que reciben las madres gestantes (una tarifa elevada asegura una menor vulneración de derechos). Es decir, que el trato que se ofrece a las madres gestantes también está condicionado por la lógica neoliberal: el trato a la persona se mide y se comercializa en función del dinero invertido.

---

[10] Vittoria Vita, «Comparativa de programas de subrogacion» [https://vittoriavita.com/spa/subrogacion/], consulta en octubre de 2023.

[11] Un embarazo ectópico es aquel que se crea cuando el óvulo fecundado se implanta y crece fuera del útero. Suele producirse con más frecuencia en una de las dos trompas de Falopio y puede detectarse prematuramente si se conocen las señales de alarma.

Desde el momento en que la práctica de la gestación subrogada es vista y entendida en términos económicos de mercado, se valida toda estrategia de venta del producto. Así, nos encontramos con que la gestación subrogada –y, por tanto, el pago por el uso de un cuerpo– puede ser sometida a descuentos especiales –del estilo de las campañas del *Black Friday*– como cualquier otra mercancía.

Ante estrategias como estas, la atención ya no se centra en la imposibilidad de algunas parejas de tener hijos por sí mismas o en qué medidas se deberían garantizar para la madre gestante. El neoliberalismo nos lleva a pensar en la gestación subrogada como una elección entre las distintas opciones de un catálogo y en función de nuestro poder adquisitivo. Bajo esta perspectiva, la gestación subrogada se convierte en un producto al alcance de aquellos que tienen suficiente dinero para pagarla. El mensaje implícito en este modelo de paquetes de servicios es que cuanto más pagues, mejor servicio recibirás. Por tanto, no solo hay que cuestionar este discurso, sino también la idoneidad de la existencia de la gestación subrogada y si, como sociedad, aceptamos que esta sea una vía lícita para obtener descendencia.

¿LO LLAMAMOS TURISMO O ÉXODO REPRODUCTIVO?

Hemos abierto el capítulo explicando que la deslocalización de la gestación subrogada a terceros países con una legislación favorable permite que hablemos de turismo reproductivo. Este concepto remite a las vacaciones, a una serie de emociones positivas y a un viaje que, con finalidad reproductiva, se vincula a la recreación y el goce. En *Un diálogo sobre gestación subrogada*[12], Gracia Trujillo y Lola Robles inician el debate sobre el concepto de *turismo reproductivo* y proponen hablar de *éxodo reproductivo*. Trujillo plantea que el concepto de *turismo reproductivo* no se ajusta a la realidad:

---

[12] G. Trujillo y L. Robles, *Un diálogo sobre gestación subrogada*, Benicàssim, Útero Libros, 2021.

Si lees un poco sobre las parejas que empiezan estos procesos, verás que hablan de algo muy pensado y deseado, y también que son auténticos calvarios, procesos muy pero que muy duros, más allá de la inversión de tiempo y dinero; ninguna de ellas lo haría de manera ilegal si pudiese hacerlo de manera legal... Y la explotación de mujeres es más probable en contextos de no regulación, o de prohibición.

Robles le responde de una manera que ejemplifica lo que suele suceder:

Hay quien, al no poder pagarse una gestación subrogada en países como Estados Unidos, va a otros países donde resulta más económico y donde las condiciones de las gestantes no son ideales.

Esta combinación de movimientos en masa y experiencias que pueden ser agotadoras y traumáticas para las familias contratantes es la razón por la que se pide cambiar el concepto de *turismo reproductivo* por el de *éxodo reproductivo*.

La realidad es que la diferencia de poder adquisitivo supone experiencias diferentes en los procesos de subrogación. Aunque en todos los casos podemos poner en cuestión que la gestación subrogada garantice los derechos de las madres gestantes, algunos países sí que tienen más en cuenta este aspecto que otros. Si consideramos que hay países como Grecia, Georgia, Rusia o Ucrania donde el coste puede ser de entre 5.000 y 12.000 euros, ¿qué importe cobra la madre gestante?[13]. En los países donde la práctica está prohibida, la madre gestante puede llegar a percibir entre 12.000 y 20.000 euros por gastos médicos. Como podemos comprobar, los datos oscilan muchísimo y despiertan la sospecha de que la gestación subrogada altruista realmente no sea tal. Hay que pensar que el importe que percibe la madre

---

[13] A. Díaz, «Vientres de alquiler y el precio a pagar por ser mujeres», *elDiario.es*, 2018 [https://www.eldiario.es/extremadura/vientres-alquiler-precio-pagar-mujeres_129_2071133.html], consultado en mayo de 2024.

gestante es tanto para los meses de gestación –durante los cuales tiene prohibido trabajar– como para el posparto y la recuperación. En los casos en que la empresa cobra 5.000 euros, ¿qué importe debe cobrar la madre gestante por prácticamente un año de su vida dedicado a la gestación?

El negocio de la gestación subrogada no para de crecer porque es muy provechoso para las empresas. En 2022 generó 12,97 mil millones de euros; en 2023, 15,76 mil millones de euros, y la expectativa de crecimiento es tan alta que para 2031 se espera un volumen de negocio de 74,63 mil millones de euros[14].

---

[14] Skyquest, «Global surrogacy market size, share, growth analysis, by Type (gestational surrogacy, traditional surrogacy), by Technology (IVF with ICSI, IUI) - Industry Forecast 2024-2031», 2024 [https://www.skyquestt.com/report/surrogacy-market], consultado en mayo de 2024.

VII

LAS GRANJAS DE MADRES Y BEBÉS

> Si en lugar de decir que Ricky Martin ha tenido cuatro hijos, dices que ha explotado a la misma mujer cuatro veces para tener un hijo, cambias el mensaje.
>
> Nuria Coronado, periodista y escritora

Una granja es un lugar destinado a la explotación de ganado. *A priori* puede parecer una comparativa bastante salvaje si hablamos de gestación subrogada, pero las obras de ficción literaria[1] hace tiempo que han establecido este paralelismo. De hecho, en algunos países las madres gestantes tienen que convivir juntas para poder ser controladas y confirmar que siguen todas las normas del contrato que han firmado. Se trata de uno de los temas de debate más controvertidos en torno a la gestación subrogada.

FIRMAR UN CONTRATO QUE TE RESTA DERECHOS

Según lo que dispone el apartado primero del artículo 10 de la Ley 14/2006, del 26 de mayo[2], sobre técnicas de reproducción humana asistida, será «nulo de pleno derecho el contrato por el que se convenga la gestación, con o sin precio, a cargo de una mujer que renuncia a la filiación materna a favor del contratante o de un tercero».

---

[1] Algunas obras de ficción literaria que tratan el tema son las siguientes: M. Atwood, *El cuento de la criada*, Barcelona, Salamandra, 2017; K. Burdekin, *La noche de la esvástica*, Barcelona, Rayo Verde 2023; o J. Ramos, *La granja*, Barcelona, Roca, 2020.

[2] Véase p. 46.

Los contratos de gestación subrogada no tienen ningún tipo de validez en nuestro país, aunque, tal como hemos visto en el capítulo IV, hay vacíos legales a través de los cuales la familia contratante puede pedir la filiación. Por tanto, este tipo de documento sigue existiendo y se sigue firmando. Entonces, ¿qué incluyen los contratos entre las madres gestantes y las familias contratantes? Acceder a esta documentación es muy difícil, pero gracias a varias investigaciones periodísticas[3] y al análisis de la información que dan algunas empresas, he elaborado un resumen de las cláusulas que puede contener un contrato de gestación subrogada. Ahora bien, hay que tener en cuenta que pertenecen a ejemplos de países diferentes y que no todas forman parte de todos los contratos.

1. *Soporte vital.* En caso de que una mujer gestante sufra una enfermedad o una lesión potencialmente mortal, como una muerte cerebral, el contrato estipula que «la futura madre [contratante] tiene el derecho a mantenerla con vida con soporte vital médico, con el objetivo de salvar al feto hasta que el médico determine que está listo para nacer». Es la madre contratante la que tendrá que hacerse cargo de los gastos médicos derivados del soporte vital.

¿Qué pasaría si resulta que la madre gestante ha hecho un documento de voluntades anticipadas donde especifica que no quiere medidas de soporte vital? ¿Cuál de los dos documentos legales prevalecería? ¿Podría la familia contratante decidir mantener viva artificialmente a la ma-

---

[3] A. Pozas, «Las cláusulas de los vientres de alquiler: quien paga tiene derecho a mantener viva a la gestante en muerte cerebral», *elDiario.es*, 2022 [https://www.eldiario.es/politica/clausulas-vientres-alquiler-paga-derecho-mantener-viva-gestante-muerte-cerebral_1_8891470.html], consultado en noviembre de 2023); [https://www.newtral.es/wp-content/uploads/2022/04/Sentencia-Tribunal-Supremo-2022-gestacion-subrogada.pdf?x73247]; y E. Varsi-Rospigliosi, Enrique y J. Mardini-Burgos, «Los contratos de maternidad subrogada desde una perspectiva del Análisis Económico del Derecho». *Revista de Bioética y Derecho* (2021) [https://scielo.isciii.es/scielo.php?script=sci_arttext&pid=S1886-58872021000300009], consultado en enero de 2023.

dre hasta que naciese el bebé? ¿Qué papel desempeñaría la familia de la madre gestante?

2. *Entrega del bebé.* La mujer gestante tiene que entregar al bebé tras el nacimiento y renunciar a saber nada más de él. El texto puede incluir afirmaciones como esta: «La madre gestante no tendrá ni hará nada por tener relación con la criatura […], renuncia a todos sus derechos como madre legal de la criatura y ayudará en todos los actos legales necesarios para declarar a la futura madre [contratante] como madre legal de la criatura. Declara y acepta que no es la madre legal, natural, jurídica o biológica de la criatura».

3. *Abstinencia sexual y prohibición de viajar.* Durante el embarazo, la madre gestante debe mantener una «prolongada abstinencia de relaciones sexuales, abstenerse de hacerse tatuajes, perforaciones en el cuerpo y cirugía estética». Tampoco podrá salir del país ni de la ciudad donde reside, ni tampoco cambiar de domicilio. Podrá disfrutar de cuatro días para viajar a otra ciudad si cuenta con «un permiso por escrito de la futura madre [contratante] en caso de urgencia extrema». Prevalece la aparente seguridad del bebé por encima de la libertad de la gestante, según los parámetros de la agencia o de la familia contratante. No deberíamos de ninguna manera defender la restricción de movimientos de nadie, y menos teniendo en cuenta que tener relaciones sexuales y viajar en general no supone ningún peligro para una criatura que está en el útero.

4. *Pruebas médicas y psicológicas.* La mujer gestante está obligada a someterse a todo tipo de exámenes médicos y psicológicos a requerimiento de la madre contratante, antes y durante el proceso de fertilización *in vitro*. La gestante, además, «renuncia a todos los derechos de confidencialidad médica y psicológica, y permite que se compartan los resultados con la futura madre». La mujer gestante cede todas las decisiones a la familia contratante. También renuncia al derecho de confidencialidad en lo que se refiere

a su estado de salud, en favor de la supuesta tranquilidad y control de la familia contratante sobre el desarrollo del embarazo.

5. *Información semanal y pruebas de drogas.* La mujer gestante está obligada a informar a la familia contratante de los desarrollos del embarazo. Además, acepta someterse a pruebas aleatorias para detectar posibles consumos de drogas, alcohol o tabaco.

6. *Más caro si son gemelos.* Puede existir una cláusula donde se especifique si la gestación de gemelos queda cubierta por el pago inicial o si implica un gasto económico añadido. Por ejemplo, la parte del contrato que consta en la sentencia del Tribunal Supremo no recoge cuánto dinero percibe la mujer gestante por hacer de vientre de alquiler, pero sí que indica que en caso de tratarse de un embarazo múltiple la mujer gestante recibirá 6.000 dólares más.

7. *Aborto.* Varias cláusulas regulan la posible interrupción del embarazo. Por ejemplo: «La futura madre [contratante] no podrá cancelar el embarazo, excepto si es para preservar la vida de la gestante sustituta». Esto quiere decir que si el bebé sufre alguna malformación o enfermedad congénita, no podrá desresponsabilizarse del bebé que nazca por contrato. En algunos contratos se dice, además, que en caso de echarse atrás y no querer a la criatura, esta será enviada a un orfanato. La mujer gestante solo puede acceder a un aborto si un médico certifica que su salud está en peligro. Si lo quiere hacer de todas maneras, se arriesga a ser sancionada con multas que pueden llegar a un millón de euros. Se ha encontrado algún contrato que estipula que en caso de embarazo múltiple en pactos en que la familia contratante solo quiere un hijo, esta puede obligar a la mujer gestante a deshacerse del resto de fetos.

8. *Selección de la gestante.* Algunas empresas especifican por contrato que «la agencia ayudará a los padres intencionales [padres contratantes] en el proceso de selección de la futura gestante, que se basará en preferencias explícitas.

Los padres intencionales tienen pleno derecho a aceptar o rechazar a una posible gestante por el motivo que sea».

9. *Antecedentes penales.* La gestante debe presentar un certificado de antecedentes penales.

10. *Consentimiento del marido.* Si la madre gestante está casada, es necesario que el marido confirme ante notario que da su consentimiento y que no ve objeción a que su mujer haga de gestante. No hace tantos años que en el Estado español las mujeres necesitaban el permiso del marido para poder sacar dinero del banco o tener carnet de conducir.

11. *Riesgos y garantías.* En algunos casos, las empresas incluyen cláusulas que explicitan que no se hacen responsables de una serie de situaciones y que no pueden garantizar unos resultados en particular. A continuación, copio un ejemplo de contrato firmado en el estado de California, Estados Unidos, en el que la agencia afirma que no puede garantizar los siguientes puntos[4]:

– Los embriones transferidos a la gestante o los óvulos extraídos de la futura madre/donante serán fecundados, darán como resultado un embarazo o se concebirá un bebé con base en este acuerdo.
– El bebé, en caso de ser concebido, gozará de buena salud física y mental y estará libre de cualquier defecto o anomalía congénita.
– La gestante o su marido/pareja, si lo hay, cumplirán las cláusulas establecidas en el contrato de gestación subrogada y seguirán los consejos de todo profesional que participe en el proceso.
– La información proporcionada por la gestante o su marido/pareja, si lo hay, es cierta, completa y exacta.
– La gestante no intentará quedarse con el bebé y renunciará a los derechos paternos y a la copaternidad.

---

4 Babygest [https://babygest.com/es/contrato-de-gestacion-subrogada/], consultado en octubre de 2023.

- Los padres intencionales podrán establecer o confirmar los derechos paternos sobre el bebé del que hayan sido reconocidos legalmente como padres.
- Este acuerdo o el contrato de gestación subrogada será de aplicación para cualquier tribunal de justicia.
- Todo profesional involucrado en el proceso, incluidos médicos o grupos médicos, abogados, psicólogos o asesores en genética, prestará sus servicios de forma satisfactoria.
- El coste real total de todo el proceso de gestación subrogada no será mayor que el estimado por la agencia.
- El seguro médico, si lo hay, cubrirá íntegramente todos los gastos médicos de la gestante relacionados con el proceso de gestación subrogada. Los padres intencionales asumen el riesgo de que el seguro de la gestante no cubra los gastos médicos relacionados con la gestación subrogada y acuerdan pagar todos los gastos que no queden cubiertos por el seguro médico.

Leída la lista, resulta evidente que el contrato está pensado principalmente para proteger a las agencias, clínicas o empresas de gestación subrogada por encima del resto de participantes. Si entendemos la gestación subrogada como un negocio lucrativo, entendemos el decalaje que hay entre la publicidad de las agencias y los compromisos de los que se desresponsabilizan por contrato. Se trata de un blindaje ante posibles demandas derivadas de las expectativas prometidas y no cumplidas: el bebé como producto acabado y perfecto. Por lo que se refiere a las otras dos partes del contrato, la mayoría de cláusulas otorgan control y poder de decisión a las familias contratantes y no a las mujeres gestantes. Este poder de decisión no se ve reflejado solo en la cesión de derechos de privacidad y de procedimientos durante el embarazo, sino que, como ya hemos explicado, el hecho de encontrarse en una posición de fuerte necesidad económica y desigualdad hace que el consentimiento de la mujer gestante sea condicionado y no verdaderamente libre.

OPTIMIZACIÓN DE RECURSOS

Los contratos de gestación subrogada evidencian el control que se ejerce sobre la mujer gestante. Pero el control de las empresas no acaba aquí. Para garantizar el cumplimiento del contrato y ofrecer todos los servicios que las familias pagan, algunas empresas se han servido de *granjas de madres*. Las granjas de madres son infraestructuras pensadas, por un lado, para ahorrar en instalaciones y profesional sanitario y, por otro, para asegurarse de que las mujeres gestantes no establecen vínculo con las criaturas. Es decir, son un mecanismo al servicio de las empresas que comercian con la gestación subrogada para economizar recursos y controlar mejor a las madres gestantes.

Colectivos feministas han denunciado que las mujeres gestantes son obligadas a convivir en estos espacios controlados por la empresa, bajo pretexto de hacer seguimiento de sus actividades. Como hay una serie de condiciones que tienen que cumplir por contrato –el tipo de dieta, la prohibición de las relaciones sexuales o el tipo de ejercicio físico que tienen que practicar–, las mujeres gestantes son alojadas en pisos gestionados por la empresa. Las empresas lo promocionan según una idea de fraternidad y compañerismo, pero el objetivo real es mantener un control estricto de las condiciones del embarazo y de la actividad de las madres gestantes. Al fin y al cabo, bajo la lógica empresarial, el bebé es la mercancía que hay que entregar al comprador y tiene que pasar controles de calidad. Además, las condiciones materiales de estos pisos compartidos suelen ser muy inferiores a las que anuncia la publicidad que llega a las familias contratantes.

La mayoría de granjas documentadas y denunciadas se encuentran en Ucrania u otros países exsoviéticos donde la gestación subrogada es legal, como Bielorrusia, Georgia o Kazajistán. Nazanin Armanian, escritora y politóloga, explica en un artículo del diario *Público* cómo son engañadas muchas de estas mujeres[5]:

---

[5] N. Armanian, *op. cit.*

Decenas de vietnamitas han denunciado que fueron a Tailandia con la promesa de un trabajo bien remunerado, y confiscaron sus pasaportes: habían sido secuestradas, amontonadas en pisos lúgubres, violadas y embarazadas. Les quitaron a los bebés. [...] En febrero del 2011, la policía tailandesa liberó de un piso a 15 mujeres vietnamitas, la mitad embarazadas, reclutadas por la empresa Baby 101.

Nazanin explica también cómo se elige a estas mujeres según su color de piel, nacionalidad, religión y aspecto físico. A una mujer india de piel oscura se le paga menos que a una de clase media y blanca.

Ha habido varios escándalos que han causado el endurecimiento de las leyes en países como Tailandia, donde se daban casos que han sido calificados como de fábrica de bebés: en agosto de 2014, en un apartamento de Bangkok encontraron nueve bebés, todos de madres contratadas y un mismo padre, un hombre rico japonés de veinticuatro años que había utilizado a 11 mujeres para obtener 16 hijos y aún quería más. Esto ha llevado a que en Tailandia ahora se castigue con 10 años de prisión la maternidad subrogada con fines comerciales[6]. Se sabe que en la India había 3.000 clínicas de este tipo antes de prohibirse la subrogación internacional en 2015 y que «constituían la infraestructura de una industria reproductiva en la que prácticamente se había culminado la conversión del cuerpo de la mujer en una máquina procreadora»[7].

Tras el estallido de la guerra entre Ucrania y Rusia en 2022, algunas empresas han publicado imágenes para tranquilizar a las familias contratantes que trabajan con este país. En los vídeos se ven hasta a 20 bebés en cunas dentro de una misma habitación que son cuidados por el personal de la clínica hasta que los vienen a buscar las familias contratantes. El personal de es-

---

[6] «Tailandia reacciona contra la práctica de las madres de alquiler», *Aceprensa*, 2014 [https://www.aceprensa.com/ciencia/tailandia-reacciona-contra-la-practica-de-las-madres-de-alquiler/], consultado en mayo de 2024.

[7] S. Federici, *Ir más allá de la piel*, cit.

tas clínicas puede llegar a cobrar el triple de lo que cobraría en un hospital público. La periodista Patricia Simón, en febrero de 2023, publicó un reportaje en el diario *La Marea* sobre una de estas empresas ucranianas[8]. La clínica BioTexCom está formada por tres chalés de arquitectura de palacete, situados sobre una colina en las afueras de Kiev. El diseño de los chalés busca combinar la pulcritud y la modernidad de un quirófano. Cuando las mujeres llegan a la semana 32 de gestación, son trasladadas a unos apartamentos de Kiev donde conviven con otras mujeres hasta que paren. Durante las primeras semanas tras el estallido de la guerra, estos edificios se encontraban muy cerca de la línea del frente, y tanto las mujeres embarazadas como los bebés tuvieron que convivir con centenares de soldados. El doctor de la clínica, Ihor Pechenoha, explica que hicieron inseminaciones con una cánula en una mano y un kalásnikov en la otra. Pechenoha era coronel del ejército, trabajó durante 15 años como responsable de seguridad sanitaria en el Ministerio de Justicia de Ucrania y después dos años ahí mismo como consultor. En 2018 fue contratado por BioTexCom para coordinar el funcionamiento de la clínica. En la entrevista que le hizo Simón, afirma que lo que le produce la satisfacción personal más grande es entregar un bebé a los brazos de una pareja que lo desea, y no tanto el hecho de ganar dinero. No obstante, luego informa a la periodista de que él no asiste los partos. También explica qué perfil de mujeres buscan[9]:

Estamos buscando mujeres en las ex repúblicas soviéticas porque, lógicamente, tienen que ser de lugares más pobres que los de nuestros clientes. No he conocido a una sola mujer con una buena situación económica que haya decidido pasar por este proceso por amabilidad, porque considere que tiene sufi-

---

[8] P. Simón, «Se buscan mujeres extranjeras para vientres de alquiler en Ucrania», *La Marea,* 2023 [https://www.lamarea.com/2023/02/27/se-busca-mujeres-extranjeras-para-vientres-de-alquiler-ucrania/], consultado en abril de 2024.
[9] *Ibid.*

cientes hijos y que va a ayudar a alguien con deseos de tenerlos también. Lo hacen porque necesitan ese dinero para comprar una casa, para la educación de sus hijos. Si tienes una buena vida en Europa no lo vas a hacer.

En el artículo de *Público*, Armanian informa de que mujeres ucranianas han denunciado haber sido confinadas durante un año en pisos que funcionan como prisiones. Las mujeres no pueden salir a partir de las cuatro de la tarde, se exponen a recibir multas de hasta 100 euros si infringen las normas y, en algunos casos, se ven obligadas a compartir cama con otras mujeres embarazadas. Las empresas camuflan esta vulneración de derechos con el pretexto de que facilita cuidarlas mejor, cuando en realidad lo que se hace es deshumanizarlas, alienarlas y quitarles la poca autonomía que les quedaba.

La estrategia de las granjas, de hecho, no nos es ajena. Hasta hace unos cuantos años, muchos hospitales contaban con una enfermería donde estaban todos los bebés recién nacidos para facilitar la labor al personal médico y permitir el descanso de las madres gestantes. Con el tiempo, se ha visto que la separación madre-bebé perjudica a ambas partes, y actualmente se fomenta su máxima proximidad y contacto. Pero si consideramos que la proximidad es vital desde el nacimiento, ¿entonces por qué motivo aplicamos una lógica diferente en el caso de la gestación subrogada?

Es muy difícil encontrar información sobre las granjas de madres o sobre todo lo que supone la gestación subrogada y la situación de madres y bebés en estos espacios, hecho que no hace más que aumentar las sospechas sobre vulneraciones de derechos humanos.

VIII

CONSECUENCIAS FÍSICAS Y PSICOLÓGICAS PARA LAS GESTANTES

> Hace un par de días, mientras pensaba en el diálogo de hoy, me dije a mí misma: pero ¿quién me manda meterme en este sarao? Lo hago porque mi posición feminista defiende a las gestantes; quiero que mejoren sus condiciones, que fortalezcamos la justicia reproductiva, y no al revés.
>
> Gracia Trujillo, activista feminista *queer*

La gestación subrogada tiene riesgos y deja secuelas físicas y mentales. A continuación, analizaremos las consecuencias de esta práctica en las madres gestantes.

El cuerpo no es un contenedor

Por mucho que las empresas de gestación subrogada se empeñen en manipular el lenguaje y convertir a las mujeres gestantes en úteros o espacios abstractos donde gestar bebés pagados por las familias contratantes, los cuerpos de las mujeres no son meros recipientes. La psiquiatra perinatal Ibone Olza lo expresa en los siguientes términos[1]:

> Se afirma que, en la gestación subrogada total o completa, la gestante «no tiene relación genética con el embrión» y que, por tanto, «la gestante no será madre biológica porque no tiene

---

[1] I. Olza, «Aspectos médicos de la gestación subrogada desde una perspectiva de salud mental, holística y feminista», Instituto Europeo de Salud Mental Perinatal, 2019 [https://saludmentalperinatal.es/aspectos-medicos-de-la-gestacion-subrogada-desde-una-perspectiva-de-salud-mental-holistica-y-feminista/], consultado en enero de 2024.

vínculo genético». Es decir, la maternidad biológica queda reducida al origen genético del gameto, omitiendo por completo todo lo que acontece durante el embarazo y parto, ¡como si esto no fuera biológico!

El embarazo y el parto de los procesos de gestación subrogada se entienden como fenómenos asépticos, como un trámite que no deja marca ni en la gestante ni en la criatura. Y no es así. Para evitar hacer frente a los problemas potenciales de imaginar un vínculo fuerte entre mujer gestante y bebé que puede alterar el contrato de subrogación, las empresas fomentan discursos basados en el lazo genético, obviando el corporal y el emocional. Son discursos que fomentan la primacía biológica, que nos dicen que el peso de la transmisión genética es tan grande que todo lo que tenga que ver con la gestación y el nacimiento queda invisibilizado. Sin embargo, cada vez se da más importancia a todo lo que hace la madre gestante –sea biológica o no– durante la gestación[2]: la música que escucha, que pueda estar tranquila y descansada, cómo es su entorno o el hecho de hablar con el bebé cuando aún no ha nacido. También podemos encontrar investigaciones que demuestran que la gestación cambia y modula tanto la personalidad de las madres como su anatomía[3]. Un ejemplo muy interesante es el descubrimiento de células del bebé en el cerebro de la madre que influyen incluso en el sistema inmunitario[4].

En el libro *Sortir de mare*[5] *(Salirse de madre)* reflexionaba sobre la importancia de lo que pasa dentro del vientre de la

---

[2] Natalben, «Embarazadas y bebés: sus cerebros están interconectados», [https://www.natalben.com/embarazadas-emociones-sentimientos-pensamientos-desarrollo-bebe], consultado en enero de 2024.

[3] E. Hoekzema *et al.*, «Becoming a mother entails anatomical changes in the ventral striatum of the human brain that facilitate its responsiveness to offspring cues», *Psychoneuroendocrinology* (2020), p. 112 [https://www.sciencedirect.com/science/article/pii/S030645301931248X], consultado en octubre de 2023.

[4] R. Martone, «Scientists discover children's cells living in mothers' brains», *Scientific American* (2012) [https://www.scientificamerican.com/article/scientists-discover-childrens-cells-living-in-mothers-brain/], consultado en mayo de 2024.

[5] E. Crespi, *Sortir de mare. Gestar, parir, criar des del feminisme i la diversitat*, Barcelona, Rosa dels Vents, 2022.

persona que gesta y el vínculo que se genera durante la crianza. Hay una construcción en el imaginario de que los genes pesan más que el amor; donde las parejas que tienen que recurrir a la reproducción asistida –no a la gestación subrogada– tienen que hacer un duelo genético porque piensan que si el bebé no proviene de sus óvulos y/o espermatozoides, no es suyo. No debería tener tanto peso esta forma de ver la maternidad, ya que las filiaciones por adopción también pueden construir lazos familiares fuertes. Tampoco deberíamos centrarnos en el material genético como vínculo único y exclusivo entre madre e hijo, ya que, como hemos explicado, es la gestación lo que genera el vínculo primigenio con el bebé.

Por mucho que el discurso que ofrecen las empresas de gestación subrogada se centre en la voluntad altruista de las mujeres gestantes por hacer realidad el sueño de otros, un embarazo subrogado comporta una serie de riesgos, que incluyen, entre otros, secuelas físicas y mentales, una posible cesárea programada o un posparto sin bebé. En el capítulo VII hemos visto que los contratos de gestación subrogada pueden contener cláusulas relativas al soporte vital que puede o debe recibir una mujer gestante durante el proceso de subrogación. En ocasiones, el enfoque que considera el cuerpo de la mujer como un puro recipiente para que crezca un bebé ha llevado a que se plantee la viabilidad de embarazos subrogados en mujeres en estado de muerte cerebral. Anna Smajdor, investigadora de la Universidad de Oslo, se refiere a esta práctica con el concepto de *donación gestacional de cuerpo entero*[6].

La donación gestacional de cuerpo entero consiste en la donación del cuerpo, tras declararse la muerte de la persona, con finalidad gestacional. En términos médicos, es una opción biológica y tecnológicamente posible. Sin embargo, tal como Smaj-

[6] A. Smajdor, «Whole body gestational donation», *Theor Med Bioeth* 44 (2022), pp. 113-124 [https://doi.org/10.1007/s11017-022-09599-8], consultado en octubre de 2023.

dor recalca, este tipo de donación se distingue de la donación de órganos porque no salva vidas y porque cosifica el cuerpo femenino.

Podríamos pensar que no debería haber objeción a la posibilidad de hacer una donación gestacional de cuerpo entero si la mujer ha expresado con anterioridad su deseo de hacerlo y así lo ha hecho constar ante notario en sus voluntades anticipadas o en el testamento vital. Al fin y al cabo, podría alguien decir, se trata de su cuerpo y es su decisión. Sea como sea, hay una serie de dilemas éticos y morales que habría que encarar.

Que exista la posibilidad médica de llevar a término un embarazo en un cuerpo en estado de muerte cerebral no significa que tengamos que hacer uso de ella. Tener acceso a la tecnología no quiere decir que tengamos que emplearla: hay que pensar en las implicaciones éticas que tiene y en las posibles consecuencias negativas que se pueden derivar. Por otro lado, que la donación sea altruista no quiere decir que la empresa intermediaria encargada de la gestación subrogada no cobre por los servicios. Podríamos intentar evitar la cuestión de la desigualdad económica e imaginar una donación gestionada por la sanidad pública bajo criterios de estricta necesidad por infertilidad, pero lo primero que nos viene a la cabeza es, más bien, la oferta a través de compañías privadas especializadas. Si así fuese, nos volvemos a encontrar con la lógica del capitalismo neoliberal que defiende que si hay un servicio y un comprador dispuesto a pagar por él, no hay por qué darle más vueltas. El cuerpo con capacidad gestante se reafirma como vasija, como horno donde cocer al futuro bebé, porque, en el fondo, no existe ningún vínculo entre mujer gestante y criatura. Es imprescindible reflexionar sobre cómo se hacen coincidir dos formas de gestación tan contradictorias: querer conectar con el bebé a través de los pensamientos, los sentimientos y estímulos diversos –como la música–, por un lado, y considerar que un cuerpo con muerte cerebral podría gestar un bebé en esas condiciones, por el otro. Todo esto obviando la importancia del vínculo y en cómo este afecta tanto a la madre gestante como al bebé.

En el reportaje de Patricia Simón de *La Marea*, citado en el capítulo anterior, encontramos también el testimonio de Olga, madre gestante ucraniana[7]:

> Primero lo hizo una amiga. A mí me daba miedo, me parecía raro, como ocurre con todo lo que es nuevo. Tienes que asumir bien lo que vas a vivir. El primer plan fue muy duro, porque, aunque pongan en tu interior material (genético) que no es tuyo, el cuerpo sí lo es y las emociones también.

Por tanto, ¿pueden las empresas que se dedican a vender el servicio de gestación subrogada afirmar alegremente que no hay ningún vínculo entre la mujer gestante y el bebé que le crece dentro? ¿Se puede garantizar que un bebé crecerá de forma saludable en un cuerpo con un cerebro inerte? Si recordamos que los bebés reconocen la voz de su madre desde el cuarto mes de gestación, podemos estar seguros de que esta voz influye en su desarrollo. Tal vez la medicina permite mantener artificialmente un cuerpo en estado de muerte cerebral con los nutrientes necesarios para llevar a cabo el embarazo, pero desconocemos el impacto que puede tener la falta de otros estímulos de la gestante en el desarrollo del bebé. Si bien esta práctica no se ha llevado a cabo y no podemos determinar sus consecuencias, sí que podemos deducir que la red intercerebral que se crea entre bebé y gestante existe y tiene un papel muy importante[8].

Hubo quien consideró que la idea de utilizar mujeres en estado de muerte cerebral como gestantes subrogadas era una buena noticia porque permitía ahorrar riesgos a mujeres gestantes con buena salud, pero no se consideraron las consecuencias físicas y psicológicas para los bebés.

---

[7] P. Simón, *op. cit.*
[8] L. Santamaria *et al.*, «Emotional valence modulates the topology of the parent-infant inter-brain network», *NeuroImage* (2020) [https://doi.org/10.1016/j. neuroimage.2019.116341], consultado en mayo de 2024.

RIESGOS DE UN EMBARAZO SUBROGADO

Un embarazo por gestación subrogada debe entenderse como un embarazo artificial en el sentido de que el cuerpo de la mujer gestante tiene que ser estimulado mediante inyecciones hormonales para llevarlo a cabo. Además de las complicaciones habituales que pueden producirse en cualquier embarazo, hay que sumar las limitaciones firmadas por contrato, la cesárea y un posparto sin bebé.

Por lo que se refiere a la medicación que debe tomar una mujer en una gestación subrogada, Ana Trejo Pulido resume en su trabajo *En el nombre del padre. Diez puntos básicos para conocer la realidad sobre los vientres de alquiler*[9] los ocho pasos del proceso médico de la subrogación según la página web Surrogate.com. Entre los medicamentos que tiene que tomar la madre gestante, están la doxiciclina, la leuprorelina, los estrógenos, la progesterona, la aspirina, la tetraciclina, la metilprednisolona y las vitaminas prenatales. En el caso de un embarazo estándar sin complicaciones, en cambio, la madre solo tiene que tomar ácido fólico. Estos medicamentos no son inocuos, pueden tener efectos secundarios.

Además de tomar esta medicación, según Trejo Pulido la mujer gestante tiene que someterse a una serie de pruebas genéticas invasivas –dolorosas y con riesgos potenciales– y a la amniocentesis, una prueba que garantiza la integridad genética del feto y descarta el riesgo de malformaciones o anomalías genéticas particulares. Dependiendo de los resultados y de lo que haya firmado en el contrato, puede llegar a ocurrir que se obligue a la mujer a abortar sin que tenga poder de decisión cuando efectivamente se da el caso. Teniendo en cuenta los estudios que determinan cómo cambia la mujer durante la gestación[10], es inadmisible que el contrato firmado en la empresa prevalga sobre la decisión de la madre gestante. Todo esto forma parte de lo

---

[9] A. Trejo Pulido, *En el nombre del padre. Diez puntos básicos para conocer la realidad sobre los vientres de alquiler*, Ciudad Real, Serendipia, 2023.

[10] Hoekzema, *op. cit.*

que se llama *violencia obstétrica*, que es toda la violencia de la práctica médica que atenta contra la salud de las mujeres durante el embarazo, el parto o el puerperio; ya sea que esta práctica se da o es percibida como violenta.

RIESGOS DE LA CESÁREA PROGRAMADA

Muchos de los partos de embarazos por gestación subrogada se programan, ya sea por inducción o por cesárea. En el resto de embarazos, las cesáreas solo se practican en partos en los que es estrictamente necesario. En cambio, en los partos por gestación subrogada se ha convertido en rutina un procedimiento médico que debería ser excepcional. Se ha alterado y pervertido un proceso natural, convirtiéndolo en una cirugía mayor por conveniencia médica y de la familia compradora, y en detrimento de la salud de la madre gestante y de la criatura. En el caso de las cesáreas programadas, ni siquiera se deja que se inicie de forma natural el proceso de parto: se marca un día en el calendario y ese día se hace la intervención quirúrgica, independientemente de si el parto ha comenzado o no.

En lugar de permitir un parto vaginal no inducido, lo que se busca es:

- Reducir las posibilidades del vínculo madre-hijo que se genera en el momento del parto, para evitar que la mujer gestante cambie de opinión. La cesárea programada evita la liberación de oxitocina, conocida como hormona del amor, que propicia el vínculo íntimo entre la madre y la criatura.
- Facilitar que la familia compradora pueda programar con tiempo el desplazamiento al país de la madre gestante.

La hospitalización general del parto es una cuestión que genera mucha polémica porque se ha acabado introduciendo en el imaginario colectivo la idea de que la hospitalización facilita los partos, cuando en realidad en buena parte de los casos no sería necesaria. Hacer habituales estos procedimientos médicos durante el embarazo y el parto crea una expectativa de riesgo y peligro, cuando de hecho se trata de procesos naturales.

Debemos distinguir entre cesáreas que se producen una vez iniciado el trabajo de parto –es decir, por complicaciones o riesgos que desaconsejan un parto vaginal– y aquellas que se programan, que se deberían evitar si no son necesarias, ya que presentan muchas más contraindicaciones. La matrona Joni Nichols, de la entidad El Parto Es Nuestro, enumera algunos de los riesgos de la cesárea programada para la madre[11]:

• Riesgos inherentes a una cirugía mayor.
• Complicaciones comunes: fiebre, infección de la herida, infección de orina y pérdida excesiva de sangre.
• Incidencia de mortalidad más elevada.
• Posibilidad de una lesión en órganos cercanos, como la vejiga o el intestino.
• Alteración en la posición de la placenta en un parto futuro.
• Mayor riesgo de placenta previa en embarazos posteriores.
• Mayor riesgo de embarazos ectópicos en embarazos posteriores.
• Tasas de fertilidad posterior más bajas que en el caso del parto vaginal.

A la vez, se niegan una serie de beneficios derivados de un parto natural, como el hecho de que las contracciones adelgazan el segmento inferior –donde se hace la incisión de la cesárea– y facilitan la recuperación, que el trabajo de parto libera endorfinas que ayudan a la madre gestante a afrontar el posparto o que el simple hecho de experimentar el trabajo de parto supone una incidencia menor de depresión posparto. Las mujeres que han pasado por una cesárea tienen más posibilidades de sufrir una depresión posparto y otras alteraciones psicológicas,

---

[11] J. Nichols, «¿Por qué no programar una cesárea?», El Parto Es Nuestro [https://www.elpartoesnuestro.es/informacion/parto/cesarea-y-pvdc-parto-vaginal-despues-de-cesarea/la-cesarea/por-que-no-programar], consultado en octubre de 2023.

sobre todo cuando no tienen a sus criaturas en brazos después de parir[12].

Se utilizan aquellos métodos que promueven la ruptura del vínculo madre-hijo sin tener en cuenta los riesgos que pueden suponer para la madre gestante y también para la criatura.

RIESGOS DE UN POSPARTO SIN BEBÉ

La recuperación posparto de la madre gestante es más sencilla y rápida cuando los procesos naturales que se inician con una criatura en brazos pueden tener lugar. Desgraciadamente, algunas familias tienen que enfrentarse a un posparto sin bebé porque este muere durante la gestación o en el momento del nacimiento. Es lo que conocemos como *muerte perinatal*. En el caso de la gestación subrogada, el bebé nace, pero es separado inmediatamente de la madre gestante, y eso supone una serie de riesgos. Destacamos dos.

En primer lugar, la imposibilidad de practicar la lactancia natural. La succión del pezón en la lactancia natural estimula la producción de hormonas como la oxitocina, que propicia la reducción del sangrado posparto y la contracción del útero para que el cuerpo vuelva a la normalidad lo antes posible. Además, hay estudios científicos que demuestran que la lactancia comporta un riesgo más bajo de osteoporosis, de cáncer de mama,

---

[12] R. Herrero y C. Herrero, «Evaluación del impacto del parto mediante cesárca frcntc al parto vaginal en mujeres con depresión posparto: revisión sistemática cualitativa», Clínica e Investigación en Ginecología y Obstetricia, 2021 [https://www.elsevier.es/es-revista-clinica-e-investigacion-ginecologia-obstetricia-7-articulo-evaluacion-del-impacto-del-parto-S0210573X21000435], consultado en mayo de 2024; «La depresión posparto es mayor en mujeres que dan a luz por cesárea», *Redacción Médica* (2019) [https://www.redaccionmedica.com/secciones/psiquiatria/la-depresion-posparto-es-mayor-en-mujeres-que-dan-a-luz-por-cesarea-3029], consultado en mayo de 2024; y Europa Press, «Dar a luz por cesárea causa más depresión que un parto natural», *Heraldo de Aragón*, 2019 [https://www.heraldo.es/noticias/salud/2019/04/22/dar-a-luz-por-cesarea-cau-sa-mas-depresion-que-un-par-to-natural-1310630.html], consultado el 7 de mayo de 2024.

útero y ovarios, así como de infecciones de las vías urinarias[13]. En el caso de la gestación subrogada, la madre gestante no puede llevar a término la lactancia, que también ayuda a eliminar los loquios –restos de sangre y placenta que quedan tras el parto– de manera menos dolorosa, y la contracción del útero que lo devuelve a su medida preparto es más lenta.

En segundo lugar, no hay ningún tipo de seguimiento o de atención posparto, ni físico ni psicológico, de las madres gestantes. En general, las agencias, las clínicas y los compradores se desentienden de la responsabilidad sobre la salud de la mujer gestante una vez ha parido y entregado al bebé. Este punto es especialmente sensible a los análisis éticos, porque el posparto de estas mujeres es más complicado que el de la mayoría justamente por las exigencias que la gestación subrogada impone: la inducción, la cesárea y la falta del neonato. Además, dado que son mujeres que aceptan gestar a una criatura –que será legalmente de otras personas– a cambio de dinero a razón de una desigualdad estructural, es muy probable que tampoco tengan acceso a una atención médica adecuada durante el posparto.

MANIPULACIÓN PSICOLÓGICA

Aparte de las consecuencias que hemos nombrado, la gestación subrogada también tiene consecuencias psicológicas obvias para la mujer gestante. Las agencias reconocen la existencia de un vínculo madre-feto por el cual la mujer puede sentir pena o impotencia cuando tiene que entregar al bebé después de parir. Con el fin de eliminar cualquier vínculo emocional, las clínicas de subrogación las someten a terapia psicológica para convencerlas de que ese hijo no será suyo y de que se impliquen emocionalmente lo menos posible.

---

[13] Enciclopedia Médica ADAM, «Beneficios de la lactancia materna» [https://medlineplus.gov/spanish/ency/patientinstructions/000639.htm], consultado en mayo de 2024; y Organización Panamericana de la Salud, «Lactancia materna y alimentación complementaria» [https://www.paho.org/es/temas/lactancia-materna-alimentacion-complementaria], consultado en mayo de 2024.

A menudo, como se ha explicado en el capítulo VII, las madres gestantes son forzadas a vivir en comunidad en las llamadas *granjas de madres* durante el proceso de embarazo, donde reciben sesiones de terapia psicológica. Estas terapias son procesos muy violentos y complejos en los que la profesional sanitaria tiene un rol de poder sobre la paciente que puede ser decisivo o que incluso puede llegar a ser peligroso. Como psicóloga, conozco perfectamente la diferencia terapéutica entre la influencia y la manipulación. Ejercer influencia es trabajar a favor de quien va a terapia; manipular, en cambio, es trabajar a favor de alguien que no es la persona que va a terapia.

Los psicólogos tenemos que ser muy conscientes del poder que nos otorga la persona que viene a la consulta. Me he formado en un modelo sanitario patriarcal y clasista en el que se inculca que la palabra del personal sanitario tiene más valor que la de la paciente. Es un privilegio con el que hay que ser muy cuidadoso, porque las personas depositan su confianza en nosotros para que actuemos en beneficio de su salud física, mental y emocional. No obstante, algunos profesionales utilizan este poder para conseguir objetivos que no tienen que ver con la salud de las personas que les piden ayuda.

La manipulación puede aparecer con más facilidad cuando la persona contra la que va dirigida se encuentra en una situación de vulnerabilidad. Esta situación de vulnerabilidad puede generarse a raíz de distintos factores: a causa de problemas psicosociales como la ansiedad, la depresión, la culpabilidad, la inseguridad, las carencias afectivas, el miedo al futuro o la insatisfacción, entre otros, pero también por inestabilidad económica. Esta vulnerabilidad de base puede coincidir con un momento estresante que desborda la capacidad de resistencia de la persona: una ruptura afectiva, la pérdida de un trabajo, una enfermedad, un fracaso en los estudios, la muerte de un ser querido o una deuda económica fuerte, por poner algunos ejemplos. Es entonces cuando aparece la persona dispuesta a ofrecerle una gran solución para reducir su angustia y le promete la seguridad, la calidez, la esperanza que no encuentra en la vida cotidiana. Como cabe esperar, un manipulador solo encuenta buena acogida cuando predica que podrá cubrir una necesidad que no está cubierta, o cuando vende su producto como la mejor opción para resolver el problema actual de la persona potencialmente manipulable, tal como afirma Pepe Rodríguez[14].

En el caso de la gestación subrogada, las deudas o la situación de pobreza en que se encuentra la mujer gestante son lo que le hace aceptar participar en el proceso y lo que la somete a esta relación de poder. Estas mujeres suelen ser tratadas con persuasión coercitiva, esto es:

• Se las aísla del mundo exterior, se controlan sus movimientos y, en algunos casos, se las hace vivir en granjas de madres.

• Se suprime su individualidad o, dicho otra manera, se las somete a un proceso de cosificación y de alienación para convertirse solo en un medio por el que otra familia obtendrá un producto: el bebé.

• Se anula su capacidad crítica de razonar, se las desposee por contrato de la posibilidad de cambiar de opinión o de echarse atrás en algún momento de la gestación subrogada.

• Sufren culpabilización continuada: por eso firman un contrato con cláusulas como la obligación de entregar a la criatura al nacer, aunque cambien de opinión; un extremo que, evidentemente, puede ocurrir. En el momento en que se firma algo que dice que se entregará al bebé, el cambio de opinión no es aceptado, y si lo es, se usan técnicas de culpabilización para que la madre no cambie de opinión y no haya riesgo de que la familia compradora se quede sin la criatura y la empresa sin los ingresos que tenía asegurados por contrato. En caso de arrepentimiento, puede generar un gran sentimiento de culpa por haber firmado el contrato en su momento.

---

[14] P. Rodríguez, *Adicción a sectas. Pautas para el análisis, prevención y tratamiento*, Barcelona, Ediciones B, 2000.

- Se las educa en fórmulas, frases cortas, contundentes y claras que repiten a menudo. Por ejemplo, «yo no soy la madre» o «estoy ayudando a otra persona». La repetición de las mismas fórmulas en el discurso de muchas madres gestantes nos hace pensar que han sido inducidas y aprendidas por manipulación, sobre todo cuando no hay proceso reflexivo más allá de la repetición de las consignas.
- Se fomenta el miedo y se ejerce violencia. En el caso de gestaciones subrogadas con coacciones claras o mediación de mafias incluso se puede dar violencia explícita. Aunque la gestación subrogada por sí sola se sustenta en la violencia física y simbólica: un contrato que te obliga a renunciar a parte de tus derechos también es una forma de violencia, como lo es la situación de abandono en el posparto.
- Se controla su sexualidad. Una de las técnicas de manipulación típicas es el control de la sexualidad (algo que también se da en el pensamiento sectario). El contrato que establece un embarazo subrogado supone un control de la sexualidad de la madre gestante desde antes de la gestación hasta el momento del parto, con la excusa de no hacer nada que pueda poner en peligro a la criatura gestada.

En el capítulo III hemos visto cómo las empresas dedicadas a esta práctica ejercen ciertas estrategias retóricas y de manipulación del lenguaje en sus anuncios, tanto escritos como visuales. En internet y en redes sociales –personales, pero sobre todo de agencias de gestación subrogada– podemos encontrar a mujeres gestantes que se graban o conceden entrevistas defendiendo que han elegido libremente esta opción. Mujeres sonrientes que, visiblemente emocionadas, dan sus bebés a otros que han pagado por ellos. Quizá sí que hay casos de auténtico altruismo, pero tenemos que ser lo suficientemente críticos para comprender que, en casos de gestación subrogada comercial, el discurso que presentan las empresas y la realidad no coinciden. La publicidad invisibiliza las condiciones reales de gestación y parto de los bebés, su entorno, las consecuencias para las gestantes y, aún más, las que tienen para las criaturas. Esta falta de información es una tergiversación de la realidad que provoca una idealización de la gestación subrogada y que no proporciona un entorno de seguridad para ninguna de las personas involucradas en el proceso.

IX

CONSECUENCIAS FÍSICAS Y PSICOLÓGICAS PARA LOS BEBÉS

> ¿Y qué pasa con el bebé recién nacido que es alejado de la madre gestante?
>
> Esther Vivas Esteve, periodista

Ya he anticipado algunas de las consecuencias físicas y psicológicas para el bebé en el capítulo anterior, cuando remarcaba los perjuicios evidentes para las madres gestantes, porque es inevitable entender que lo que es perjudicial para la madre lo es también para el bebé, sobre todo en todo aquello relativo al establecimiento del vínculo entre ellos.

El periodo de gestación y lo que pasa dentro del vientre materno no es el único factor condicionante de la futura vida de una persona, pero tiene cierta influencia. Por tanto, hay que garantizar unas condiciones óptimas para que el embarazo sea positivo para el bebé. En el caso del parto, el cómo y el cuándo también son determinantes. Separar a la madre gestante del bebé al que ha parido tiene una influencia negativa tanto para la gestante como para el bebé. Sin embargo, la gestación subrogada pasa por alto estas consideraciones.

EL VÍNCULO MATERNOFILIAL

En el capítulo VIII hemos visto las consecuencias que tiene la ruptura del vínculo maternofilial en la mujer gestante y las dificultades añadidas del posparto en estas condiciones. ¿Qué impacto tienen estas prácticas en el bebé? Estudios científicos[1]

---

[1] M. C. Gioia *et al.*, «The relationship between maternal-fetus attachment and perceived parental bonds in pregnant women: Considering a possible mediating

señalan que el vínculo maternofilial y el hecho de permanecer con la madre gestante son factores positivos para el crecimiento del bebé. En cambio, tanto los partos programados e inducidos como el hecho de apartar a los niños de la madre justo recién nacidos impactan negativamente en el bebé.

Ya durante el embarazo hay una serie de elementos que influyen en cómo la criatura establecerá este vínculo. Que la madre gestante intente no reconocer como propio al bebé que gesta mediante los ejercicios de desvinculación que se trabajan en la terapia –manipulación– psicológica, tiene consecuencias para el bebé.

Un neonato tiene la capacidad de reconocer a la persona que lo ha gestado. Escuchar su voz, captar su olor o sentir su piel son elementos de protección en la vida fuera del útero. Cuando se separa a un bebé de la persona que lo ha gestado –quien le aporta la seguridad necesaria para ir adaptándose al mundo extrauterino– se produce la *herida primal*, un daño emocional que causa una experiencia traumática durante el periodo de gestación, el nacimiento o los primeros años de vida. Según el neonatólogo Nils Bergman, lo peor que le puede pasar a un neonato es que le separen de la persona que lo ha gestado[2]. Todos los mecanismos neurohormonales están diseñados para que el bebé se encuentre con la madre que lo ha gestado durante nueve meses y la reconozca. La herida primal se produce en el momento de la separación, y mientras la gestante y el bebé no vuelvan a estar juntos, más profunda se hará. En los casos de gestación subrogada, este reencuentro no tiene lugar nunca. Por tanto, el bebé se enfrenta a la herida de la separación y a la del no reencuentro.

Esta falta de vínculo maternofilial con la mujer gestante no niega que se pueda establecer un vínculo con la familia contratante, pero hay datos que muestran que algunos de estos bebés

---

role of psychological distress», *Frontiers in Psychology* 13 (2022) [https://www.ncbi.nlm.nih.gov/pmc/articles/PMC9885764/], consultado en mayo de 2024.

[2] D. Oliver, «Nils Bergman: "Tras nacer, un bebé no necesita nada de sus padres, excepto a sus padres, su presencia"», *El País*, 2019 [https://elpais.com/elpais/2019/06/03/mamas_papas/1559551086_801391.html#], consultado en abril de 2024.

pueden sufrir secuelas psíquicas y dificultades para crear lazos afectivos durante el resto de sus vidas. Ibone Olza destaca que los bebés no son una *tabula rasa* que empieza en el momento del parto, sino que «ahora ya sabemos que hay una respuesta a la sensación dolorosa desde la semana 25 y preferencia por rostros humanos desde la 26». Olza explica en su artículo que el tiempo que el bebé pasa dentro del útero construye su psique y que, según la teoría de programación fetal, hay sistemas biológicos que quedan programados de por vida. Olza añade que «el bebé gestado por subrogación, igual que el resto de nuestra especie, espera encontrarse al nacer con la mujer que lo ha gestado y que para él es su única madre. Espera ser amado y criado por ella»[3]. Silvia Federici apuntaba en una entrevista en *El Salto*[4]:

> Otra cuestión es la del trauma físico y emocional para el bebé. Hay una compañera española, Patricia Merino, que ha escrito un libro muy bueno: *Maternidad, igualdad y fraternidad*[5]. Leyendo su libro me he dado cuenta de algo que no sabía: muchos de estos bebés cuando los separan de su madre sufren un trauma muy grande; ella dice que ya con tres meses el bebé conoce la voz de su mamá, este bebé es carne de su carne. Hay un fetichismo del ADN, pero en realidad este bebé nace del cuerpo de esta mujer, es parte integrante de su cuerpo. Al nacer busca su pecho. Cuando los separan inmediatamente, parece que muchos lloran desesperados por semanas, algunos se enferman. De esto no se habla. Hay tantos elementos que cuando se ve a plena luz la maternidad subrogada se entiende que es una cosa muy perversa.

[3] I. Olza, «Las secuelas psicológicas para el bebé en la gestación subrogada», El Hueco de Mi Vientre (s. d.) [https://www.redelhuecodemivientre.es/las-secuelas-psicologicas-para-el-bebe-en-la-gestacion-subrogada/], consultado en mayo de 2024.

[4] S. Babiker, «Silvia Federici: "Hoy las jóvenes no quieren solo una mejora en la situación de la mujer, quieren un cambio social"», *El Salto*, 2019 [https://www.elsaltodiario.com/feminismos/silvia-federici-trabajo-reproductivo-gestacion-su-brogada-caza-de-brujas-renta-basica].

[5] P. Merino, *Maternidad, igualdad y fraternidad*, Madrid, Clave Intelectual, 2017.

La negación de este vínculo impide también la lactancia materna natural, la técnica de la piel con piel con la gestante o el parto vaginal, prácticas que se favorecen en el resto de partos siempre que no haya complicaciones o impedimentos, porque se reconoce su efectividad y el beneficio que supone para el bebé.

DE NUEVO, EL TERCERO EXCLUIDO

Nacer por cesárea inducida supone no pasar por el trabajo de parto. En el capítulo VIII hemos visto las consecuencias positivas para la madre que la asociación El Parto Es Nuestro destacaba de un trabajo de parto natural. El bebé también se ve afectado positivamente por el trabajo de parto[6]:

- Libera hormonas que impregnan a la criatura y la preparan para su vida fuera del útero.
- Las contracciones disminuyen la posibilidad de que el bebé tenga los problemas respiratorios que sufren muchos bebés nacidos por cesárea (durante toda la infancia).
- Gracias a las contracciones aseguramos que el bebé está realmente listo para nacer.

En el caso de la gestación subrogada, la inducción artificial del parto genera un riesgo más alto de parto prematuro, y esto provoca la aparición de una serie de riesgos para el bebé. Podemos hablar, por ejemplo, de problemas neurológicos, problemas locomotores o incluso, si ha sido un parto prematuro o no se ha podido hacer todo el trabajo de parto (por tratarse de una cesárea programada o un parto programado e inducido), puede haber parálisis cerebral, retraso en el desarrollo y alteraciones en el cociente intelectual o en el comportamiento.

Además, en la gestación subrogada existen los mismos riesgos que en el caso de la fecundación *in vitro,* de modo que

---

[6] Hoekzema *et al., op. cit.*

«plantea un riesgo más alto de parto prematuro, bajo peso al nacer, diabetes gestacional, hipertensión gestacional, uso de amniocentesis, placenta previa, necesidad de antibióticos durante el parto y cesárea»[7].

Hablamos del bebé como de *tercero excluido* porque las entidades y agencias que se dedican a promover la gestación subrogada a menudo minimizan o niegan las consecuencias que esta técnica puede tener para la criatura. En general, la información que dan al respeto se reduce a aconsejar de manera superficial cómo explicarle al niño el hecho de que nació por gestación subrogada:

> Por lo que se refiere al niño, suele integrar los acontecimientos vitales en función de cómo se lo presenten sus familiares. Si los padres lo explican con naturalidad y centrándose en la alegría de su nacimiento, el niño no lo vivirá negativamente. Los niños nacen como libros en blanco y somos nosotros quienes los escribimos.

David Bueno ha estudiado los cerebros de los niños[8]:

> Seis semanas antes del parto, el cerebro del feto ya está adquiriendo conocimiento del exterior a partir de las vivencias de su madre, sobre todo de tipo socioemocional. Las madres gestantes que se sienten queridas, acompañadas, valoradas, protegidas, tienen un equilibrio neurohormonal diferente que las que se sienten no queridas, menospreciadas, rechazadas, y afecta a la construcción del cerebro del feto, especialmente en las zonas de gestión emocional. Toto esto condiciona –no determina, porque el cerebro continúa cambiando después– que cuando sean adolescentes les sea más o menos difícil gestionar su

---

[7] S. D. Saad Pestana, «La neuroética de la gestación subrogada», *Medicina y Ética* 32(3) (2021) [https://www.scielo.org.mx/scielo.php?script=sci_arttext&pid=S2594-21662021000300665], consultado en mayo de 2024.

[8] C. Turró *et al.*, «Com funciona el cervell dels infants?», Ho Faig com Puc [pódcast], 2024 [https://criatures.ara.cat/podcasts/ho-faig-com-puc/podcast-ho-funciona-cervell-dels-nens_1_4992670.html].

propia ansiedad, el estrés…, todas estas situaciones que requieren autocontrol.

Considerar el nacimiento el punto cero de la influencia en el bebé permite minimizar el impacto del embarazo y desvincular al bebé de la mujer gestante. Se trata de una batalla discursiva: las empresas tienen que romantizar el proceso, minimizar el miedo de sus clientes y hacerles creer que la gestación subrogada no supone ningún problema para el hijo que tendrán que educar. Nadie quiere oír que su deseo de ser padre ha hecho daño a su hijo. Lo que quieren sentir estas familias es que ese bebé que tanto han soñado será amado y feliz. Los datos, como explicábamos antes, muestran lo contrario: el impacto en el desarrollo del bebé empieza en la fase uterina. Claro que es importante el modo en que la familia contratante cría al bebé una vez llega a sus manos, y no hay duda de que este amor es positivo para la criatura, pero esta dimensión no puede obviar el hecho de que el modelo de gestación subrogada pretende ignorar la gestación como un espacio y un tiempo de formación del bebé que serán importantes el resto de su vida, así como el vínculo que se deforma y se rompe súbitamente durante y después del parto.

De todas maneras, hay que ser conscientes de que no todos los padres contratantes responden a un modelo de paternidad ejemplar. Un caso que evidencia el abuso de algunos padres contratantes que solo ven este proceso como un intercambio comercial, sin pensar en las consecuencias que sus actos pueden tener en las criaturas –y ni pensar en las madres gestantes–, es el del usuario del Reddit norteamericano BrickPandas. Él y su mujer, debido a problemas de fertilidad, recurrieron a la gestación subrogada después de que ella se sometiese a varias fecundaciones *in vitro,* con tres abortos como resultado. Cuando nació el hijo, el hombre vio que la criatura tenía rasgos asiáticos, pidió una prueba de ADN y resultó que los genes del bebé no coincidían con los suyos, pero sí con los de su mujer: en el laboratorio se habían equivocado con el esperma masculino. La agencia les ofreció una compensación económica a cambio de su silencio. Pero pese a que él afirma que no rechazó al bebé por diferencias raciales –aunque añade que él y su mujer son blancos, rubios y de ojos azules–, sino porque el bebé «no es parte de los dos», escribió en un foro de internet para preguntar si sería correcto denunciar a la agencia y rechazar a la criatura[9]. Explica también que intentaron que la madre gestante se quedase a la criatura, pero que ella les dijo que ya tenía cinco hijos y no podía mantenerla. De quien no sabemos la opinión es de su mujer, que sí comparte material genético con el bebé[10]. Sea como sea, este caso ejemplifica con claridad el carácter mercantilizador y capitalista de la práctica: se trata a una persona como un producto, hasta el punto de preguntar en un foro de internet qué hacer con ella, ya que no coincide con lo que se había encargado.

Hay muchas preguntas sin respuesta sobre el futuro de las criaturas producto de la gestación subrogada: ¿qué pasa con los hijos de la gestación subrogada cuando son mayores? ¿Qué tipo de preguntas se harán? ¿Cómo afecta o puede afectar esta práctica a sus relaciones sociales? ¿Les dará vergüenza explicar que son hijos de gestación subrogada? ¿Lo explicarán abiertamente o se esconderán? ¿Qué porcentaje de ellos querrá buscar a su madre gestante? ¿Pensarán en la madre que los gestó? ¿Querrán saber quién fue? ¿Cambiará la relación con sus padres actuales una vez sepan cómo los consiguieron? Los estudios sobre estas cuestiones no son concluyentes, considerando que las muestras actuales son muy pequeñas, pero sin duda son asuntos importantes que se deben tener en cuenta, ya que afectarán a muchas criaturas y a su desarrollo en el mundo.

[9] BrickPandas, «AITA [Am I The Asshole] for telling our surrogate we don't want the baby?», Reddit, 2019 [https://www.reddit.com/r/AmItheAsshole/comments/corc6z/comment/ewl2h1u/?utm_source=share&utm_medium=web2x], consultado en abril de 2024.
[10] Judith J. K., «Una pareja se plantea rechazar a su bebé por gestación subrogada porque no se parece físicamente a su padre», *La Vanguardia*, 2019 [https://www.lavanguardia.com/cribeo/estilo-de-vida/20190815/47438584421/una-pareja-se-plantea-rechazar-a-su-bebe-por-gestacion-subrogada-porque-no-se-parece-fisicamente-a-su-padre.html], consultado en abril de 2024.

Otra cuestión que esta situación plantea es que las madres gestantes puede que tengan otros hijos. ¿Qué pasa con ellos? ¿Puede resultar traumático para el resto de hijos saber que su madre está entregando un bebé a unos desconocidos? ¿Tendrán miedo de correr la misma suerte?

El caso de la francesa Olivia Maurel responde a algunas de estas preguntas. Maurel nació en 1991 por gestación subrogada en Estados Unidos y desde pequeña sabía que había algo extraño en su familia. En 2022, se hizo un test de ADN que le confirmó las sospechas y desde entonces es activista contra la gestación subrogada, porque ha vivido y vive en su propia piel las consecuencias de esta práctica. En una entrevista que le hizo el diario *El Debate* lo explica así[11]:

> Lo único que quiero hacer es crear conciencia en las personas y hacerles ver que esta polémica práctica va en contra de la dignidad de las personas, de los niños y sus madres. Romper el vínculo de una madre con su hijo es muy duro, es inhumano cuando se hace en el nacimiento. Esto no se debería permitir.
>
> A mí me ha pasado, yo he tenido problemas psicológicos, el trauma del abandono, depresión, etc. Esto también me ha ocurrido por un trastorno que sufre mi madre. La agencia de vientres de alquiler a la que acudió debería haberla rechazado por este motivo, pero no lo hicieron porque económicamente les convenía. Es un mercado y se aprovechan de mujeres vulnerables.

Sobre su trabajo activista explica:

> Yo no lucho contra las personas; ni contra los padres comitentes ni contra las familias. Lucho contra el sistema que permite esta práctica y mi objetivo es proteger a las mujeres y los niños de este mercado y que la gente sepa cuánto sufrimos los niños naci-

---

[11] M. Fernández, «Olivia Maurel, nacida por vientre de alquiler y activista contra esta práctica: "Me ha hecho mucho daño"», *El Debate*, 2024 [https://www.eldebate.com/sociedad/20240421/olivia-maurel-nacida-vientre-alquiler-activista-contra-esta-practica-me-hecho-mucho-dano_188888.html], consultado en agosto de 2024.

dos por esta técnica. Mi activismo ha herido a mis padres y ha deteriorado nuestra relación, pero tengo que luchar por que otros niños no sufran lo mismo que he sufrido yo.

Apunta también las preocupaciones que le genera la posibilidad de ser madre en el futuro. ¿Cómo saber si puede transmitir alguna enfermedad a sus hijos si no conoce la procedencia de sus genes? En la entrevista explica que conoció a su madre biológica, y aunque no tiene una relación con ella, sí que mantiene contacto. Por problemas de fertilidad, sus padres recurrieron a su madre biológica, que acababa de perder a un hijo, pero que tenía cuatro más por alimentar y recurrió a la gestación como última opción. Maurel habla de la gestación subrogada como de una nueva forma de esclavismo contra las mujeres.

Por todas estas cuestiones y para seguir con la lucha contra la práctica de la gestación subrogada, Maurel se reunió en Roma con el papa Francisco el 4 de abril de 2024, un día antes de que la ciudad acogiese la Conferencia Internacional de la Declaración de Casablanca por la Abolición de la Gestación Subrogada. El entonces papa, en enero del mismo año, ya había pedido la prohibición universal de esta práctica[12], y en el encuentro con Olivia Maurel –quien puntualiza que no comparte muchos de los valores que predica la Iglesia y se identifica como feminista y atea– se mostró muy empático y le dio todo su apoyo, calificando nuevamente la gestación subrogada como un negocio global que hay que erradicar. El papa Francisco condenaba la gestación subrogada en todas sus formas[13].

Si comparamos las consecuencias de los procesos de gestación subrogada con las de la adopción, encontramos diferencias notables. El rechazo que puede sentir una persona que ha sido

---

[12] «El papa pide la prohibición universal de la gestación subrogada» [vídeo en YouTube], *La Vanguardia*, 2014 [https://www.youtube.com/watch?v=4ej0I WjJlk], consultado en mayo de 2024.
[13] O. Bonnel, «International conference in Rome demands abolition of surrogacy», *Vatican News*, 2024 [https://www.vaticannews.va/en/world/news/2024-04/international-conference-in-rome-demands-abolition-of-surrogacy.html], consultado en mayo de 2024.

adoptada, porque sus padres biológicos la han abandonado o no se pueden hacer cargo de ella, es una cosa que «le ocurre» y cuyo daño luego los padres adoptivos pueden reparar con una relación diferente. En cambio, que alguien decida gestar a una persona en el vientre de una mujer de la cual la separarán al nacer es una cosa que «le hacen» los miembros de la familia con la que convivirá. Las familias adoptivas intentan reparar mediante atención y estima las carencias de estas criaturas, mientras que las familias contratantes de gestación subrogada son las que deciden hacer pasar a los niños por este trance difícil y niegan que les pueda afectar[14]. La adopción vela por el bienestar de los bebés; en la gestación subrogada prevalecen los deseos de la familia contratante.

[14] S. Robles, «Gestación subrogada: qué es y qué efectos psicológicos tiene en la madre y el bebé», Cuerpomente, 2023 [https://www.cuerpomente.com/psicologia/hijos/gestacion-subrogada-efectos-psicologicos-madre_1146], consultado en abril de 2024.

X

TENER UN BEBÉ NO ES UN DERECHO

> Las personas que desean tener hijos pueden tenerlos, pero su reproducción no es ni un derecho ni una obligación: el Estado no las puede forzar a hacerlo y tampoco está obligado a proporcionarles los medios que existen para conseguirlo, si no tiene relación con la salud. Es decir, los poderes públicos tienen la obligación de garantizar que se tengan hijos en condiciones sanitarias adecuadas y que los partos tengan la asistencia profesional necesaria, pero no tienen la obligación de satisfacer todos los derechos reproductivos de los individuos.
>
> Layla Martínez, autora del libro *Gestación subrogada*

¿UN MUNDO LLENO DE POSIBILIDADES?

Mujeres gestantes vivas, donaciones gestacionales de cuerpo entero, mujeres en estado de muerte cerebral, donantes de óvulos y espermatozoides, úteros artificiales que pretenden reproducir la vida intrauterina... La mente humana es capaz de imaginar múltiples maneras de crear nueva vida –la ciencia ficción lo sabe muy bien–, y cada una de ellas tiene un impacto diferente en el bebé. La gestación subrogada, con independencia del motivo que lleva a las familias a elegirla, se afana en disminuir todo lo posible el vínculo emocional que se da en una gestación. Todo el sistema se sostiene porque las empresas prometen que no habrá ninguna interferencia por parte de la mujer gestante una vez parido al bebé: la garantía es el contrato firmado y las cláusulas punitivas si llega el caso de que la madre gestante lo incumple. El foco de atención, los clientes, son las familias que están dispuestas y pueden pagar por un hijo en lugar de recurrir a otras opciones. De modo que vuelven a sobrevolar las cuestiones que recorren este libro: ¿es lícito intervenir de esta manera por deseo? ¿Es necesario desvincular a madre e hijos de los procesos naturales del parto? ¿Son estas familias conscientes de las consecuencias que puede tener para la criatura este tipo de gestación? ¿Ser padre o madre es un derecho?

No trato de juzgar a las familias que acceden a la práctica, sino de despertar una reflexión y analizarla críticamente. Muchas de estas personas llegan a la gestación subrogada tras una serie de intentos con otras tecnologías reproductivas o después de asumir una infertilidad. En estos casos, casi podríamos decir que la coerción de las empresas es doble y tiene como objetivo captar clientes desesperados y vulnerables ofreciéndoles la solución fácil. Sin embargo, hay otros casos en los que no existen impedimentos físicos para gestar, sino que se opta por la subrogación como medida estética o para ahorrarse incomodidades. En cualquier caso, ninguna persona debería ignorar la situación de explotación que supone esta práctica ni las posibles consecuencias para las partes implicadas. Todo el mundo debería ser consciente de que ser padre o madre no es un derecho y que este deseo no está por encima de los derechos humanos de la madre gestante ni del bebé por nacer.

Nazanin Armanian lo explica en el ya mencionado artículo de *Público*[1]:

> Los hijos de la «subrogación» sabrán que 1) su abandono se decidió incluso antes de que se formara como feto y 2) fue objeto de una transacción financiera entre unos adultos. La adopción está centrada en los intereses del niño, la subrogación, en los intereses de la pareja pagadora. Países como Alemania y Austria han prohibido no solo esta fórmula sino también la donación de óvulos para proteger la cuestión de la identidad del niño. La dignidad de las personas debe estar por encima del capricho de quienes creen que todo tiene un precio y con su fortuna pueden comprarlo. Buscan «hijos de su propia sangre», ignorando que el feto está regado por el líquido vital

---

[1] N. Armanian, *op. cit.*

de la madre que lo gesta. Hay millones de niños huérfanos en el mundo esperando un abrazo y un hogar. ¿Qué estúpida necesidad hay para causar tanto daño a tantas personas?

Después de analizar los impactos de la gestación subrogada en madres gestantes y criaturas, debemos cuestionarnos si realmente queremos poner en práctica todas las opciones que la ciencia y la tecnología nos brindan. ¿Aceptamos que haya personas que se aprovechan de la desigualdad estructural entre diferentes países, clases sociales y condiciones materiales para cumplir sus deseos? En caso de no poder tener hijos por medio del resto de formas de ayuda reproductiva, ¿no deberíamos asumir, por ejemplo, que las únicas alternativas son o no tener hijos o la adopción? En lugar de traer al mundo una nueva vida mediante el uso –o abuso– de una madre gestante, ¿no deberíamos ofrecer un hogar a criaturas que ya están en el mundo y no tienen familia? ¿Podemos asumir que la genética no es el factor principal que identifica el vínculo entre padres e hijos? Tal vez, como sociedad, en lugar de dedicar esfuerzo y dinero a mejorar las técnicas de gestación subrogada buscando resquicios legales, deberíamos hacer un llamamiento a los gobiernos a facilitar las adopciones. Sin embargo, esta opción también hay que examinarla críticamente y buscar la forma adecuada de hacerlo, ya que tampoco está exenta de mafias, intercambios económicos y relaciones de poder.

DERECHO Y DESEO

Derechos y deseos no son equiparables. Hasta ahora hemos encarado la gestación subrogada como un dilema ético en el que parecen chocar los intereses de familias contratantes, criaturas y madres gestantes, sobre todo desde el punto de vista de la libertad de elección. Sin las mismas condiciones materiales no se tiene la misma libertad de decisión o actuación. Ante esta situación, y echando mano de la ética basada en los derechos, pareciera que se trata de elegir qué cuestión pasa por delante de la otra: el deseo de tener un hijo de familias contratantes, el derecho de la criatura sobre sí misma o el derecho de la mujer gestante a ser tratada humanamente, con dignidad y en condiciones justas. Distintas corrientes de pensamiento pueden justificar o cuestionar una misma práctica, y mi aproximación es más reflexiva que teórica. Pero antes conviene aclarar que no todos los derechos tienen un reconocimiento legal vinculante de obligado cumplimiento. De hecho, eso que conocemos como *derechos humanos* puede ser entendido como un conjunto de derechos morales universales que no hace falta que sean recogidos en el ordenamiento jurídico de los países. También en el lenguaje cotidiano solemos decir: «Tengo derecho a...», en el sentido de reclamar algo que nos ha sido reconocido. En cambio, desear no acarrea obligación moral o legal asociada y, según el diccionario de la RAE, se define como la aspiración vehemente de poseer algo.

Para empezar, no debe confundirse el deseo de tener hijos con el derecho de tenerlos. ¿Se puede hablar de un derecho a la subrogación? A raíz del auge de la perspectiva feminista en las disciplinas del derecho y de la bioética, cada vez hay más artículos que se hacen esta pregunta. ¿Podemos exigir a los poderes públicos que pongan a disposición de los ciudadanos los recursos necesarios para tener a criaturas biológicas por medio de la gestación subrogada? Cuando se habla del acceso a la subrogación, se suele usar el lenguaje de los derechos en un doble sentido: la gestación subrogada como una dimensión del derecho a la reproducción asistida o como derecho contractual, tal como explica Christine Straehle[2]. Aunque en nuestro país sea una práctica ilegal, en otros países no lo es: ¿puede entenderse la gestación subrogada como una dimensión del derecho a la reproducción asistida? Esto supondría que, como parte de un derecho reconocido por ley, el Estado se vería obligado a disponer de una «reserva»

---

[2] Ch. Straehle, «Is there a right to surrogacy?», *Journal of Applied Philosophy* 33(2) (2016), pp. 146-159 [https://www.jstor.org/stable/26813129], consultado en mayo de 2024.

de mujeres gestantes a disposición de las necesidades de la población. Pero entendido como derecho contractual –un conjunto de normas jurídicas que establecen las bases para la formación, interpretación y ejecución de contratos–, también representa una serie de problemas, como hemos visto a lo largo del libro. Son problemas que parten de la situación de inferioridad estructural en que la sociedad patriarcal coloca a las mujeres. Esto comporta la alienación de la mujer gestante, que es deshumanizada y convertida en un objeto de consumo, por medio del cual otras personas, las familias contratantes, llegan a un fin: el hijo. Sin lugar a dudas, además, estas mujeres tienen que ser pobres, puesto que no se concibe de ninguna otra manera, sin esta diferencia de clase, un intercambio como este. Es por todos estos motivos que afirmo que tener hijos no es un derecho.

Los derechos reproductivos reconocidos en nuestro país incluyen tecnologías de fecundación *in vitro*. Lo que nos hace madres o padres de nuestras criaturas no es el componente biológico o genético. De hecho, el Observatorio de Bioética y Derecho de la Universidad de Barcelona pide orientar el deseo de tener hijos hacia la reproducción asistida y la adopción, razón por la cual apuesta, como he dicho anteriormente, por hacer más simples y fáciles los procesos de adopción.

En 2021, en Cataluña se adoptaron 83 niños de otros países, casi la mitad que el año anterior. En cambio, el número de embarazos subrogados en el extranjero ha aumentado. Javier Costacora, de Son Nuestros Hijos, dice que «es difícil tener cifras exactas, pero [en 2018] solo en Ucrania se llegó a las 300 familias. El número total oscilaría entre las 700 y las 800 familias. De las cuales, una cuarta parte son de Cataluña»[3]. Este aumento no solo tiene relación con el incremento en el deseo de tener criaturas, sino también con el de que las criaturas tengan material genético de los padres y/o madres contratantes y que sea un neonato.

---

[3] V. Pérez, «Maternitat subrogada: més enllà del desig», *El Punt Avui,* 2019 [https://www.elpuntavui.cat/societat/article/5-societat/1564206-maternitat-subrogada-mes-enlla-del-desig.html], consultado en mayo de 2024.

Los defensores del derecho a la gestación subrogada pretenden ampararse en el artículo 8 del Convenio Europeo para la Protección de los Derechos Humanos, que establece el derecho a la vida privada y familiar. Dice así[4]:

> 1. Toda persona tiene derecho al respeto de su vida privada y familiar, de su domicilio y de su correspondencia.
> 2. No podrá haber injerencia de la autoridad pública en el ejercicio de este derecho sino en tanto en cuanto esta injerencia esté prevista por la ley y constituya una medida que, en una sociedad democrática, sea necesaria para la seguridad nacional, la seguridad pública, el bienestar económico del país, la defensa del orden y la prevención de las infracciones penales, la protección de la salud o de la moral, o la protección de los derechos y las libertades de los demás.

En este artículo no se menciona el derecho a tener descendencia biológica en caso de quererlo. La única manera por la cual podríamos entender el uso de este artículo como defensa de la gestación subrogada es en un marco neoliberal de no interferencia y libertad individual de escoger entre las opciones del mercado. Es decir, comprando la idea de que lo que pasa en el ámbito privado en un contrato entre dos individuos no tiene que ser regulado por el Estado. Esto apela a la desregulación estatal y es un llamamiento a la idea de que todo se puede comprar, también un hijo, y que esto forma parte de las decisiones personales. Sin embargo, se trata de una propuesta que presenta varias inconsistencias, ya que el punto 2 del artículo manifiesta las excepciones que, precisamente, la posicionan protegiendo la salud o los derechos y libertades de los demás.

Otra cuestión que desvía el debate es el perfil de colectivos o individuos que hacen uso de la gestación subrogada. Si dejamos

---

[4] Consejo de Europa, Convenio para la Protección de los Derechos Humanos y de las Libertades Fundamentales, enmendado de conformidad con los protocolos 11, 14 y 15, 1950 [https://www.echr.coe.int/documents/d/echr/Convention_SPA], consultado en abril de 2024.

de lado los casos surrealistas de celebridades que evitan pasar por un embarazo por cuestiones estéticas o de comodidad, las familias contratantes suelen ser parejas heterosexuales con problemas de fertilidad, parejas de hombres homosexuales, padres solteros que quieren tener un hijo con su material genético, parejas de lesbianas o madres solteras con problemas de fertilidad. Es decir, casos de infertilidad o colectivos históricamente minorizados. Si bien estos factores pueden desviar y camuflar bajo un discurso neoliberal los debates sobre las opciones para tener descendencia, la gestación subrogada supone una desigualdad perpetuada por aquellos que se pueden permitir pagarla. Así pues, la gestación subrogada es una consecuencia más de un sistema capitalista que se sostiene en las desigualdades que llevan a algunas mujeres a poner su cuerpo al servicio de aquellos que tienen un privilegio económico, y no de un derecho no reconocido.

Cuando revisamos las formulaciones de derechos humanos, no hay duda sobre las graves vulneraciones que supone la gestación subrogada, sobre los derechos de los bebés y los derechos a los que renuncia la madre gestante al firmar el contrato. Samuel David Saad Pestana lo explica en el contexto de la neuroética de la gestación subrogada[5]:

> Desde un enfoque personalista, la gestación subrogada altruista violaría el principio de totalidad, ya que es un procedimiento médico desproporcionado e invasivo que conlleva mayores riesgos, se realiza en un individuo sano y podría haber mejores alternativas para resolver el problema de no poder concebir o llevar a término un embarazo. Además, utilizar a la portadora gestacional como medio para obtener una descendencia violaría el imperativo categórico. Aunque se argumentara que la gestación subrogada es un acto de solidaridad y justicia reproductiva hacia quienes, sin culpa, no pueden tener descendencia, e incluso si se ofreciera una «justa compensación» y la cobertura de los gastos médicos (manteniendo el

5 Saad Pestana, op. cit.

acuerdo altruista), la gestación subrogada no estaría justificada, ya que la justicia debida a la portadora gestacional, el derecho del vástago a tener padres, la unidad del matrimonio y el vínculo parental son valores anteriores y axiológicamente más importantes que el carácter contractual de un acuerdo de gestación subrogada.

Hay posiciones feministas que reclaman un «derecho a la maternidad» que se podría pensar que piden tolerar la gestación subrogada. Es el caso de la socióloga feminista Esther Vivas, autora de *Mamá desobediente*[6], que defiende la maternidad como un derecho –siempre que no vulnere los derechos de terceras personas– y como responsabilidad colectiva. Defender el derecho a ser madre, según la autora, es necesario para evitar los sesgos socioeconómicos, étnicos y de clase que se pueden producir en caso de entender la maternidad como un derecho. Llevado al extremo, dice Vivas, «ser madre acaba siendo un privilegio de mujeres blancas de clase media-alta». Defender la maternidad como un derecho no quiere decir apoyar la gestación subrogada, sino brindar las condiciones adecuadas para que todo el mundo tenga las mismas oportunidades. De hecho, Vivas se ha mostrado muy crítica con la vulneración de los derechos de las madres gestantes y de las criaturas gestadas, porque «no se pueden mercantilizar los derechos de las personas»[7]; es decir, reclamar el derecho a ser madre no puede ser utilizado como un argumento para vulnerar los derechos de otras personas. La exigencia del feminismo tiene que ser que se pongan todas las facilidades para ser madre desde la sanidad pública y universal respetando los derechos humanos de todas las personas implicadas y del bebé por nacer.

En la medida que la gestación subrogada no respeta el derecho de los bebés por nacer, que es un negocio que se fundamen-

---

[6] E. Vivas, *Mamá desobediente. Una mirada feminista a la maternidad*, Madrid, Capitán Swing, 2019.

[7] L. Bonilla y N. Vila, «"No tot s'hi val per ser mare": el cas d'Ana Obregón reobre el debat al voltant dels ventres de lloguer», *Ara*, 2023 [https://www.ara.cat/societat/salut/no-s-hi-val-mare_130_4663738.html], consultado en mayo de 2024.

ta en retóricas y prácticas patriarcales que cosifican a las mujeres y que se aprovecha de las desigualdades estructurales que
sufren y de los deseos que otras personas tienen, tener una criatura no puede ser un derecho. En ningún caso la libertad propia
debe ser ejercida en perjuicio de los derechos humanos de terceros.

XI

LA GESTACIÓN SUBROGADA
DESDE LOS FEMINISMOS

Posiblemente, esto de cargar contra la felicidad individual no sea bien acogido. Preguntémonos, entonces, ¿qué pasará cuando «los deseos» se transformen en «comodidades»? ¿Nos seguirá pareciendo legítimo alquilar vientres de otras mujeres porque no queremos pasar nueve meses de embarazo por pereza, para no perder la figura, para no perder un trabajo? Tampoco podremos rehuir otra reflexión: si nos parece que es un buen trato alquilar el vientre de otra mujer para tener una hija, ¿también nos parecerá deseable que esta hija haga de madre subrogada más adelante?

Marisa Pérez Colina, politóloga

Hablamos de feminismos en plural porque no se trata de un movimiento unitario, sino que existe una gran heterogeneidad de corrientes que se distinguen según los marcos en los cuales desarrollan su lucha. Así, y pensadas como categorías analíticas que nos permiten distinguir posiciones teóricas, podemos hablar de feminismo radical, feminismo marxista o de clase, feminismo liberal, afrofeminismo o feminismo interseccional, entre otros. Esta clasificación ayuda a explicar por qué encontramos tanta divergencia entre las posiciones a favor o en contra de la gestación subrogada.

Dentro de los feminismos no hay una posición unánime sobre la gestación subrogada. Si bien en un principio Estados Unidos era el destino casi exclusivo para acceder a la práctica de la gestación subrogada, y por tanto las que lideraban y creaban marcos conceptuales para cuestionarla o justificarla eran principalmente las feministas de allí, el fenómeno se ha globalizado y se han multiplicado los escenarios donde es posible llevarla a cabo, lo cual ha supuesto la aparición de nuevas interlocutoras. Todo ello hace que el abordaje feminista, tanto teórico como práctico, se vuelva mucho más rico y complejo. La entrada en escena de los países del Sur global introduce nuevos debates que hasta el momento no habían sido considerados, como las relaciones neocoloniales o las jerarquías existentes entre países de renta alta y países de renta media y baja. Por tanto, los debates tienen que encarar las desigualdades sociales que posibilitan la gestación subrogada y analizarlas en relación con el género, la clase social, la orientación sexual, el origen, la nacionalidad o la identidad sexual, y sin duda introducir el concepto de colonialismo reproductivo.

En una encuesta realizada en España en 2019 sobre la posición de los movimientos feministas frente a la gestación subrogada, solo un tercio de las participantes se declaró a favor de la práctica. Aitor Romeo Echeverría destaca que el 65% de las feministas que respondieron la consideraban una forma de explotación. Curiosamente, los resultados también muestran que las personas que participaban activamente en algún colectivo feminista solían estar más en contra de la gestación subrogada que las personas con un bajo nivel de participación en las organizaciones feministas[1].

¿Un nuevo modelo de familia?

Si ponemos el foco en las familias contratantes y no en las mujeres gestantes o en las criaturas nacidas por gestación subrogada, encontramos de nuevo posiciones neoliberales que argumentan la defensa de la práctica y que se basan en «la creación de nuevos modelos de familia». Uno de los argumentos más utilizados es que la gestación subrogada es la única opción para el colectivo LGTBIQA+, sobre todo en el caso de hombres homosexuales. Este argumento es una falacia, porque igual que en los casos de las parejas heterosexuales, existe la opción de la adopción. El cineasta Carlos Durrif, por ejemplo, en 2018 escribió una «Carta abierta a Podemos y a las feministas» defendiendo la gestación

---

[1] A. Romeo Echeverría, «Gestación subrogada y movimiento feminista. Una aproximación cuantitativa», *Encrucijadas. Revista Crítica de Ciencias Sociales* 18 (2019) [https://dialnet.unirioja.es/descarga/articulo/7247550.pdf], consultado en mayo de 2024.

subrogada para este grupo[2]. Las posiciones contrarias a la gestación subrogada hablan de *gaypitalismo*[3] y alegan que se trata de una práctica machista dentro de la homosexualidad masculina. Si bien es cierto que hay gente dentro del colectivo LGTBI-QA+ que ve la gestación subrogada como un medio para tener criaturas, no es su principal consumidor, sino una minoría. La mayoría de personas que hacen uso de la gestación subrogada son parejas heterosexuales. En este sentido, usar al colectivo para legitimar una práctica que, como se ha demostrado a lo largo del libro, presenta muchos problemas éticos, es utilitarista y una estrategia más de *pinkwashing*[4]. La gestación subrogada no puede ser una solución para un nuevo modelo de familia.

De hecho, ¿en qué sentido podemos justificar la práctica como creación de un nuevo modelo familiar? Podemos entender que se hace referencia a las posibilidades legales de formar una familia con progenitores del mismo sexo; sin embargo, si analizamos las características de la gestación subrogada, vemos que no rompe con los estereotipos del modelo tradicional de familia nuclear. En primer lugar, continúa habiendo una exigencia de vínculo biológico –un material genético compartido– para considerar como verdaderamente «propia» a la criatura. En segundo lugar, se construye una familia desde cero, es decir, que hace falta un neonato para criar a imagen y semejanza de los progenitores. ¿En qué sentido podemos decir, pues, que la gestación subrogada propone un nuevo modelo de familia en lugar de reafirmar las ma/paternidades deseables y válidas?

Lo que encontramos no es un nuevo modelo de familia, sino una nueva manera de intentar perpetuar la normatividad cishe-

---

[2] C. Durrif, «Carta abierta a Podemos y las feministas», 2018 [https://elcuadernodeultimo.wordpress.com/2018/02/19/carta_abierta/], consultado en abril de 2024.

[3] Shangay Lily, «Gaypitalismo: Orgullo Empresarial», *Público*, 2014 [https://archivo.kaosenlared.net/gaypitalismo-orgullo-empresarial/index.html], consultado en abril de 2024.

[4] El *pinkwashing* o «lavado rosa» refiere a la variedad de estrategias políticas y de *marketing* dirigidas a la promoción de productos, empresas o instituciones apelando a su amabilidad hacia el colectivo LGTBIQA+. Son estrategias que buscan capitalizar una lucha para obtener rendimiento económico.

terosexual que la sociedad nos empuja a reproducir. Una familia –monógama– con hijos, avalada por el sistema patriarcal, de la que el capitalismo neoliberal saca un rédito económico.

LOS ARGUMENTOS A FAVOR DE LA GESTACIÓN SUBROGADA

Algunas corrientes del feminismo, tradicionalmente asociadas a lo que conocemos como feminismo liberal, se posicionan a favor de la gestación subrogada. Estos son algunos de los argumentos que defienden entidades favorables a la legalización de la gestación subrogada, como la Asociación por la Gestación Subrogada o Son Nuestros Hijos:

- La gestante ha tomado una decisión de forma autónoma, es decir, ha elegido libremente qué uso quiere hacer de su cuerpo. Hay que legalizar la gestación subrogada para protegerla de la mejor manera posible.
- Las gestantes hacen un trabajo fantástico y altruista y ayudan a otras personas a construir una familia. Se trata, por tanto, de una recompensa hacia la mujer gestante que no se le puede negar.
- La existencia de un contrato que ha firmado libremente demuestra que se trata de una gestación altruista y no comercial.
- Se trata de un avance, como lo fueron la ley de interrupción voluntaria del embarazo, la ley del divorcio o la ley del matrimonio igualitario.

Estos argumentos representan a la perfección el pensamiento del feminismo liberal. En primer lugar, la protección de la libertad personal por encima de todo. La postura liberal, por lo que se refiere a la reproducción asistida, defiende la libertad reproductiva y la autodeterminación del propio cuerpo. Es decir, como vemos en el primer punto, la toma de decisiones sobre el propio cuerpo es leída como una muestra de libertad y de afirmación o empoderamiento de la mujer gestante que no tiene en cuenta las relaciones de poder ni las discriminaciones históricas y sociales que sufren las mujeres. Bajo esta perspectiva, el cuerpo es propiedad de la gestante y lo puede usar como le convenga.

No obstante, el concepto de libertad del liberalismo se basa exclusivamente en la capacidad de elegir entre un conjunto de posibilidades, como si todo el mundo tuviese las mismas opciones disponibles y estas no estuviesen atravesadas por la clase y el contexto social y económico. Por tanto, tal como explica Mariana Jiménez Canet Atilano[5], aparte de la supuesta libertad de elección de la mujer gestante, para la mujer contratante la gestación subrogada también es una forma de ejercer la libertad, porque le permite cumplir la voluntad de ser madre y de «superar las restricciones biológicas».

El segundo punto incide nuevamente en la idea de altruismo y sororidad. Pero, como muestra el primer punto, el feminismo liberal defiende la regulación argumentando que quieren proteger a las madres gestantes. Por eso piden, por ejemplo, que se les garantice una buena atención médica. En general, defienden la utilización de esta práctica en los casos en que la mujer contratante no dispone de ningún otro recurso para tener una criatura con su misma genética, y no como medida estética; aunque ya se ha demostrado en distintos países que, allí donde se permite, una vez legalizada no importa la finalidad real de la subrogación.

Sobre el tercer punto, «la existencia de un contrato que ha firmado libremente», es evidente que el hecho de que haya un contrato no significa que la subrogación sea altruista. La mayoría de contratos que se firman son, precisamente, una forma de establecer las condiciones entre las partes dentro de un intercambio comercial.

El cuarto punto considera la gestación subrogada un avance y, según desde qué país se manifiesten los valores feministas de la subrogación, se compara con unas u otras cosas. Jenny Brown

[5] M. Jiménez Canet Atilano, «¿Vientres o vasijas? El debate feminista de la maternidad subrogada», blog Ecos, 2019 [http://ecos.cide.edu/vientres-o-vasijas-el-debate-feminista-de-la-maternidad-subrogada/], consultado en mayo de 2024.

explica la contradicción y la lógica en Estados Unidos, donde la defensa de la gestación subrogada y la pérdida del derecho al aborto van de la mano[6]:

> Estas organizaciones de la derecha por el derecho a la vida son las que están luchando para decir que el feto es una persona; esto tiene unas consecuencias muy fuertes. Hoy en día en Estados Unidos están aprobando medidas que reducen a la mujer a vasija del feto. El feto gana derechos y las mujeres los pierden. Cada vez más se define a la mujer como un contenedor y toda su vida acaba siendo reglada por el bienestar del feto.

Según Angela Davis, el feminismo es la idea radical que sostiene que las mujeres son personas. Afirmación que se aleja mucho de todo lo que defiende el feminismo liberal cuando las desprovee de todos los derechos.

LOS ARGUMENTOS EN CONTRA DE LA GESTACIÓN SUBROGADA

Otras corrientes –sobre todo el feminismo radical y el interseccional– se posicionan en contra de la gestación subrogada. Estos son algunos de los puntos que defiende, por ejemplo, el manifiesto *No somos vasijas*[7]:

- El cuerpo de una mujer no se puede comprar o alquilar de manera total o parcial. La apropiación y el control institucionalizados del cuerpo y el aparato reproductor femeninos son producto del sistema de sumisión patriarcal.
- Las personas más pobres acaban pariendo bebés para las más ricas; es decir, se da una desigualdad socioeconómica que influye en la mujer gestante y puede llevar a su explotación.

---

[6] J. Brown, *Birth Strike. The Hidden Fight over Women's Work*, Binghamton, PM Press, 2019.

[7] *No somos vasijas*, cit.

- No se puede hablar de libertad si las condiciones de la gestación subrogada van contra los derechos humanos.
- No es un acto altruista, porque la principal motivación es económica. De hecho, en países donde solo se permite la gestación altruista, la cantidad de gestantes voluntarias es muy reducida. Esta práctica encubre cierto machismo al reforzar la definición según la cual «el horizonte vital de las mujeres es el servicio».
- Un deseo no puede convertirse en un derecho.
- No es puramente una decisión sobre el propio cuerpo, ya que también está en juego la vida de una criatura.

No somos vasijas parte de una perspectiva feminista radical. Desde esta posición, la gestación subrogada no es entendida como una forma de emancipación de las mujeres por medio de la autodeterminación de lo que quieren hacer con sus cuerpos, como defiende el feminismo liberal, sino que es una nueva forma de dominación y una perpetuación del patriarcado, el colonialismo y el capitalismo.

Los análisis del feminismo interseccional señalan cómo la gestación subrogada incluye toda una serie de desigualdades y jerarquías de poder que no solo se vinculan con el género, sino también con la clase social y la raza. Entendida así, la gestación subrogada debería ser tratada como un problema de injusticia social y, por tanto, habría que erradicarla.

CONCLUSIONES

Como psicóloga perinatal, sexóloga y feminista, hace mucho tiempo que empecé a darle vueltas a la cuestión de la gestación subrogada. Hace años que empecé este viaje de pensar y repensar sobre el tema, y escribir este libro me ha permitido sumergirme en él con más profundidad y conocer cosas que no sabía, confirmar otras que tenía muy presentes y abrirme a nuevas preguntas gracias a las opiniones y textos que otras han publicado.

La gestación subrogada es una práctica que en la mayoría de casos vulnera los derechos de las madres gestantes y que atenta contra los derechos del niño. Por tanto, me posiciono claramente en contra.

Este libro es una denuncia anticapitalista de un mundo que estipula que si tienes dinero lo puedes comprar todo y que si no lo tienes puedes estar en venta; un mundo, por tanto, que fomenta las relaciones de poder. También es una denuncia feminista para reclamar igualdad en un sistema que precariza la vida de las mujeres y las identidades disidentes. Uno de los objetivos es dejar de romantizar lo que suele implicar una gestación subrogada y analizar en qué consisten los contratos y la publicidad y el *marketing* que se hace sobre esta relación comercial.

Es importante aclarar que cuando hablamos de gestación subrogada no nos referimos a un producto o servicio, sino a la explotación de mujeres con capacidad gestante que habitualmente no tienen alternativas y necesitan el dinero para sobrevivir.

Soy consciente de que escribo desde el privilegio. Desde el privilegio de no haber tenido problemas de fertilidad y no haber pasado por un proceso en el que la gestación subrogada se haya dibujado como una posibilidad. Por eso, al principio del libro he querido hablar de la imposición patriarcal de ser madre y de cómo se puede llegar a vivir la imposibilidad de quedarte embarazada, por los motivos que sean. La comprensión del dolor que viven muchas personas al descubrir esta imposibilidad no quita que, ahora mismo, los procesos de gestación subrogada no gozan de unas garantías que nos permitan defenderla

Durante la investigación para este libro he denunciado las condiciones de la relación comercial que supone la gestación subrogada y os he invitado a descubrirlas conmigo. Espero que os haya ayudado a formaros una opinión mejor documentada y cercana a la realidad de la gestación subrogada.

Las conclusiones a las que llego son fruto de todo este aprendizaje. Las elaboro con el conocimiento que tengo a día de hoy y teniendo en cuenta la situación que se da en nuestro país en los últimos años:

1. Se perpetúa la mercantilización del cuerpo de las mujeres y personas con capacidad gestante. La gestación subrogada, actualmente y en la mayoría de los casos, refuerza las desigualdades sociales, especialmente en ciertos contextos socioeconómicos en los que hay mujeres que pueden verla como una tabla de salvación ante una situación desesperada: «vender» o «alquilar» su cuerpo se presenta entonces como una opción para salir de ella.

2. También se mercantiliza a las criaturas: muchas empresas y agencias que se dedican a la gestación subrogada convierten a los bebés en «productos», hasta el punto de que se puede decidir no quedárselos cuando no convencen o tienen alguna enfermedad que no se ha detectado durante el embarazo.

3. Existe la opción de crear un bebé a la carta: la práctica de la gestación subrogada permite escoger a la carta a los y las donantes de óvulos, esperma, embriones y gestantes, desde una visión altamente eugenésica. Esta técnica garantiza la «no contaminación» genética (social y cultural) respecto a la mujer que lleva a cabo todo el proceso de embarazo. Se trata de una práctica clasista y racista que no deberíamos permitir.

4. La gestación subrogada perpetúa el modelo de familia nuclear tradicional y valora el vínculo genético por encima de todo. Usar como reclamo el anhelo de tener un bebé que biológicamente sea tuyo es menospreciar la diversidad dentro del tipo de modelos familiares: aquellos basados en la adopción o la acogida, los de familias que tienen que recurrir a la reproducción asistida sin poder utilizar espermatozoides y óvulos propios, y los de aquellas que también son discriminadas porque no siguen el modelo cisheteronormativo y/o monógamo.

5. Si se legalizase, se tendría que hacer bajo garantía de que se cumplen unos mínimos. Me remito al texto de María Casado y Mónica Navarro-Michel, elaborado desde la Universidad de Barcelona, donde se habla de control judicial, gratuidad y de que la gestante pueda revocar el consentimiento si cambia de opinión. Pero no, la legalización conlleva más peligros que ventajas y estoy en contra.

6. Bajo los argumentos favorables a la libre elección de las mujeres sobre lo que hacen con sus cuerpos –una libertad que no es real, dado que está condicionada por su situación socioeconómica–, se está decidiendo sobre el cuerpo de otra persona: la criatura, que tendrá que sufrir las consecuencias de la separación y que no puede decidir ni hacer respetar sus derechos.

7. La gestación subrogada no puede ser un derecho porque vulnera los derechos de terceras personas. Hay que garantizar la maternidad desde la sanidad pública y universal sin vulnerar los derechos de ninguna persona, ni madres gestantes ni criaturas.

8. Otras opciones como la adopción y la acogida deberían ser procesos mucho más simples, porque ello las convertiría en posibilidades reales para muchas familias. Si alguien quiere tener una familia y tiene claro que el biovalor no es lo más importante, tiene que poder formarla con un recurso tan necesario, útil e imprescindible como la adopción o la acogida.

9. Hay que evitar el prejuicio contra quien ha elegido recurrir a la gestación subrogada. La presión para convertirse en madre es tan grande que puede hacer que alguien se plantee esta opción y que lo intente hacer de la manera más legal y respetuosa posible. Pero hay que tener en cuenta también que hay quien elige esta opción sencillamente porque se lo puede permitir económicamente o no quiere pasar por el embarazo, lo cual constituye un claro desequilibrio de poder y un riesgo de que las personas más vulnerables, la madre gestante y la criatura, salgan perjudicadas.

10. No hay que prejuzgar a quien ofrece su cuerpo para una gestación subrogada. Hay que tener en cuenta que, en general, son personas en situaciones de vulnerabilidad socioeconómica, hecho que crea una desigualdad que promueve un abuso de poder. La desigualdad es muy criticable, pero nunca la decisión de una mujer o persona con capacidad de gestar.

Espero que este libro haya resultado útil para las lectoras y los lectores y, sobre todo, que contribuya a la construcción de una sociedad más justa e igual para todo el mundo.

AGRADECIMIENTOS

Este libro ha significado un gran atrevimiento para mí. La gestación subrogada despierta muchos posicionamientos polarizados, y aunque el mío es radical, lo he intentado trasladar desde el máximo respeto. Gracias, por tanto, por leer estas páginas. Deseo que lo que has leído te sirva para seguir estimulando tu pensamiento crítico. Yo aprendo a hacerlo cada día.

Gracias a las G, porque con muches de elles he compartido conversaciones y reflexiones sobre este tema, y cuando les expliqué que me embarcaba en un libro sobre gestación subrogada, me dijeron que era valiente y me ofrecieron todo su apoyo. Soy valiente porque con vosotres aprendo cada día. Aunque no estemos siempre cerca.

Gracias a mi familia por vuestro apoyo. Es un privilegio teneros a mi lado incondicionalmente. Crespi, Elena, Fernando (y Kuki, que no está, pero siempre está). Las conversaciones con mi hermano Sergi y con Alba, con quienes comparto fanatismo por leer y escribir. Gracias a Lluc y a Leia por haberse lanzado a escribir sus libros al verme a mí hacerlo. Y gracias, Palo, por ser y estar a mi lado, por leer lo que escribo, y por compartir tanto.

Como decía Gracia Trujillo, ¿por qué me meteré en estos saraos? Pues porque alguien tiene que meterse. Porque tenemos que debatir sobre estos temas en la arena pública. Porque tiene muchas aristas, y seguro que se me escapan algunas. Me meto en estos saraos porque soy feminista, hago autorreflexión crítica y aprendo cada día. No puedo mirar hacia otro lado.

Gracias.

Como dice Silvia Federici: «Se intenta hacer pasar por autonomía, por capacidad de control del propio cuerpo, la capacidad de vender no solo nuestro cuerpo, sino el de nuestro hijo o hija. Soy totalmente contraria a la maternidad subrogada, es una venta de niños y niñas que se legitima bajo esta presunta búsqueda de autonomía. Pero no solo esto: ¿quién defiende los derechos de estas criaturas?».

ÍNDICE

Presentación (Pascual Serrano) 5

I. LA MATERNIDAD Y LA IMPOSICIÓN PATRIARCAL 9
¿Cómo se activa la imposición patriarcal de la maternidad?, 9. – Cualquier cosa para ser madre, 13.

II. ORÍGENES Y TIPOLOGÍAS DE GESTACIÓN SUBROGADA 17
Los orígenes de la gestación subrogada, 17. – Las tipologías de gestación subrogada, 23. – ¿Externalizar la maternidad?, 26.

III. LA TERGIVERSACIÓN DEL LENGUAJE 29
Romantización de la gestación subrogada, 31. – *No somos
vasijas.* ¿Qué pasa cuando hay imprevistos?, 38. – El tercero excluido, 42.

IV. LA LEY HABLA 45
¿Qué dice la ley en el Estado español sobre la gestación
subrogada?, 45. – Y en América Latina, ¿en qué países
es legal?, 46. – ¿En qué países del mundo es legal?, 56.
– Los resquicios del sistema legal español, 57. – Si fuese
legal, ¿sería ético?, 59.

V. LA MAFIA DE LOS BEBÉS 67
Estafas y mafias, 68. – La promoción de la gestación subrogada, 72. – ¿Dónde nos situamos?, 74.

VI. ¿TURISMO O ÉXODO REPRODUCTIVO? 77
La deslocalización de la gestación subrogada, 77. – Mercan-
cías con valor añadido, 79. – Paquetes *premium* o *low cost,*
81. – ¿Lo llamamos turismo o éxodo reproductivo?, 84.

VII. LAS GRANJAS DE MADRES Y BEBÉS 87
Firmar un contrato que te resta derechos, 87. – Optimi-
zación de recursos, 93.

VIII. CONSECUENCIAS FÍSICAS Y PSICOLÓGICAS PARA
LAS GESTANTES 97
El cuerpo no es un contenedor, 97. – Riesgos de un embarazo subrogado, 102. – Riesgos de la cesárea programada, 103. – Riesgos de un posparto sin bebé, 105. – Manipulación psicológica, 106.

IX. CONSECUENCIAS FÍSICAS Y PSICOLÓGICAS
PARA LOS BEBÉS 111
El vínculo maternofilial, 111. – De nuevo, el tercero excluido, 114.

X. TENER UN BEBÉ NO ES UN DERECHO 121
¿Un mundo lleno de posibilidades?, 121. – Derecho y deseo, 123.

XI. LA GESTACIÓN SUBROGADA DESDE LOS FEMINISMOS 131
¿Un nuevo modelo de familia?, 132. – Los argumentos a favor de la gestación subrogada, 134. – Los argumentos en contra de la gestación subrogada, 136.

Conclusiones 139
Agradecimientos 143

DARDO GÓMEZ RUIZ-DÍAZ
FRANCESC RÀFOLS SAGUÉS

GUERRA
JUDICIAL
A LA VERDAD

LAS SLAPP

A FONDO

akal

ISBN: 978-84-460-5756-7

144 páginas

❝El último y perfeccionado ataque orquestado contra nuestra libertad de expresión❞

JUAN CARLOS BLANCO

LA TIRANÍA DE LAS NACIONES PANTALLA

Los cinco pecados capitales de las
plataformas que gobiernan internet

A FONDO

ISBN: 978-84-460-5684-3

208 páginas

**❝Un aviso del peligro que supone el
poder omnímodo de las grandes
tecnológicas y la urgente necesidad
de hacerle frente: ¡dejemos de ser
esclavos de ellas!❞**

ISBN: 978-84-460-5654-6

336 páginas

"¿Qué nos depara el segundo mandato de Donald Trump?

Explorando los poderes que dominan EEUU"